생각을 연결하고 지식을 확장하라

세컨드 브레인은
옵시디언

시안 지음

GOLDEN RABBIT

옵시디언의 특징과 장점에 대한 글을 접하며 옵시디언을 배우기로 마음먹어도 처음은 쉽지 않습니다. 평생 폴더 기반 노트 관리에 익숙해져 있던 터라, 연결 기반 노트를 어떻게 사용할지 감이 잡히지 않기 때문입니다. **무언가를 배우기로 결심했고, 제대로 배우고 싶다면, 첫 번째 선생님은 매우 중요합니다. 저자는 한국에서 개인 지식 관리와 생산성의 새로운 패러다임을 이끄는 주요 인물이자, 제가 신뢰하는 리더 중 한 분입니다.** 지난 2년간 개인 지식 관리를 연구하며 전파하고, 수많은 분과 이야기를 나눠 봤지만, 저자만큼 인사이트가 많고 배울 점이 많은 분을 본 적이 없습니다.

이 책을 통해 여러분은 옵시디언의 기초를 누구보다도 탄탄히 마스터할 수 있으리라 자부합니다. 기초 사용법에서 더 나아가 커스터마이징 방법, 필수 플러그인 사용법, 그리고 개인 지식 관리 방법론을 활용한 기초 활용법까지 포함되어 있어, 한 권으로 연결 기반 노트의 효과를 직접 체험할 수 있습니다.

브라이언(최지웅) L사 AI 컨설턴트, 〈브라이언의 브레인 트리니티〉 유튜브 채널 운영

옵시디언은 단순한 메모 앱이 아닙니다. 옵시디언은 생각을 연결하고, 발전시키고, 공유할 수 있는 혁신적인 도구입니다. 이 책은 옵시디언의 장점을 쉽게 설명하여 초보자를 위한 가이드가 되어 줍니다. 책에서 제시하는 방법들을 하나씩 따라 해보세요. 최근 주목받고 있는 PARA, 제텔카스텐과 같은 생산성, 지식 관리 프레임워크를 통해 정보를 체계적으로 관리하고 활용할 수 있을 것입니다.

생성형 인공지능 시대에 살아남기 위해서는 체계적인 지식 관리가 필수입니다. 배움을 두려워하지 않고 성장을 기대하려면 나만의 지식 관리 베이스를 만들어야 하죠. **이 책으로 당신의 세컨드 브레인을 구축해보세요.** 책을 따라가다 보면 어느새 옵시디언을 사랑하고 전도하는 팬이 되어 있을 것입니다. 저자가 이야기하는 옵시디언의 세계에 들어갈 준비가 되셨나요? 놀라운 여정을 시작해보세요.

구요한 커맨드스페이스 대표, 차 의과학대학교 교수

이 책은 옵시디언의 강력한 기능과 유용한 플러그인 활용법을 상세히 설명합니다. 효과적인 노트 관리와 지식 구조화를 익히면 일상과 업무의 효율을 극대화할 수 있을 겁니다. 옵시디언을 통해 더 나은 자기 관리를 경험하고 싶다면 꼭 읽어보세요.

홍수영 LINE+ 서버 개발자

옵시디언 덕분에 노트 작성 습관을 들일 수 있었습니다. 더불어 이 책으로 몰랐던 사용 방법을 배워 많은 도움을 받았습니다.

정인채 반도체 IP 개발자

생산성 향상을 위해 고민하고 정보를 찾던 사람들에게 길잡이 같은 책입니다. 옵시디언을 다루는 방법은 물론, 옵시디언과 떼려야 뗄 수 없는 PARA와 제텔카스텐도 소개합니다. 이 책을 통해 많은 사람이 자신만의 세컨드 브레인을 갖추기를 바랍니다.

허현 연세대학교 천문우주학과 학부생

효율을 진지하게 고민해 보고 여러 도구를 쓰다 보면 결국 옵시디언이 최선인 것을 알게 됩니다! 유튜브에 주제별로 설명한 콘텐츠도 많지만 입문부터 심화까지 체계적으로 옵시디언을 알려주는 책은 이 책이 유일한 것 같습니다. 강력 추천!

김하린
LX인터내셔널 사내스터디 세빠 리더

이 책을 통해 나만의 세컨드 브레인을 구축하고 나를 더 업그레이드시킬 수 있다는 확신이 들었습니다. 옵시디언을 통해 생각에 시스템을 도입해 보세요.

윤성민 단양 매포초등학교 교사

 옵시디언은 현재 개인의 지식과 정보 관리에 가장 탁월한 앱입니다. 옵시디언의 속도, 자유도, 사용감, 연결성은 지식과 통찰력 확장에 도움이 됩니다. 그러나 옵시디언의 장점을 최대로 활용하기란 쉽지 않습니다. 이는 옵시디언만의 문제가 아니라 노트 앱의 공통적인 과제이기도 합니다. 왜 그럴까요?

현대 사회의 정보량은 우리의 뇌로만 감당하기에는 너무나 방대합니다. 업무도 많고 공부할 것도 많은데, 세상까지 급변하고 있습니다. 많은 정보를 뇌에 담을 수 없기에 우리에겐 외부 저장소가 필요합니다. 이를 담당하는 주요 공간이 바로 노트 앱입니다. 다음과 같이 노트 앱을 활용해 뇌의 부담을 덜고는 하죠.

- 일정과 업무 정리 일기
- 프로젝트 자료 정리
- 가족, 건강 등 관리 대상 정리
- 일기, 독서 노트
- 아이디어 기록
- 나중에 다시 읽으며 영감 얻기

우리의 뇌만으로는 정보 처리가 어려운 세상이 되었습니다. 두뇌 바깥의 저장소를 활용하며 생각하는 것이 필수 기술이 되었고, 그것이 바로 노트 앱 활용 기술입니다. 하지만 우리는 그런 기술을 배워본 적이 없습니다. 그렇기에 새 노트를 어디에 저장할지 고민하고, 필요할 때 노트를 찾기도 어렵습니다.

그래서 이 책에서 단순히 옵시디언 기능을 설명하는 데 그치고 싶지 않았습니다. 옵시디언 기능을 나열하고 '이제 당신도 옵시디언 마스터!'라고 끝내면 공허하거든요. 옵시디언을 생각 정리와 확장을 도와주는 도구로 소개하고 싶었습니다. 그래서 현재 생산성 분야에서 자주 언급되는 방법론을 소개하고, 이를 옵시디언으로 구현하는 내용을 포함했습니다. 책을 덮을 때쯤이면 옵시디언뿐만 아니라 옵시디언으로 생산성을 높이는 방법도 여러분의 손에 들려있을 것입니다.

2024년 초여름

시안

✓ 옵시디언 완벽 가이드! 이렇게 구성했어요 +

이 책은 옵시디언을 왕초보를 위한 설치부터 개발 지식을 활용한 심화 기능까지 유용하게 활용하는 방법에 중점을 두어 소개합니다. 차근차근 책을 따라 학습하다 보면 나만의 세컨드 브레인을 얻게 될 거예요.

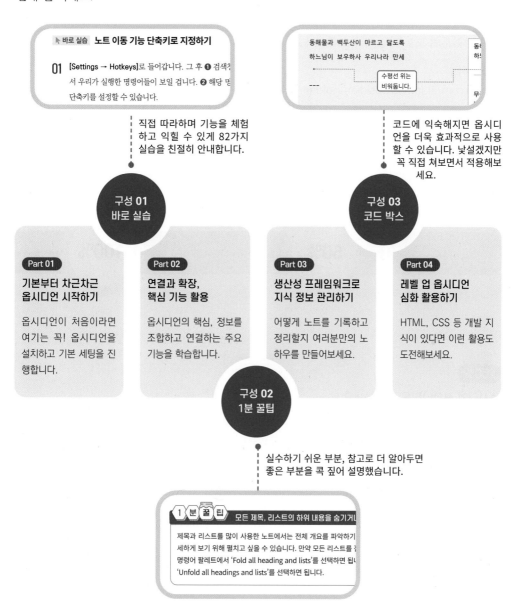

◖ 바로 실습 **노트 이동 기능 단축키로 지정하기**

01 [Settings → Hotkeys]로 들어갑니다. 그 후 ❶ 검색창에서 우리가 실행한 명령어들이 보일 겁니다. ❷ 해당 명령어 단축키를 설정할 수 있습니다.

동해물과 백두산이 마르고 닳도록
하느님이 보우하사 우리나라 만세
─────────
┌──────────┐
│ 수평선 위는 │
│ 비워됩니다. │
└──────────┘
───

직접 따라하며 기능을 체험하고 익힐 수 있게 82가지 실습을 친절히 안내합니다.

코드에 익숙해지면 옵시디언을 더욱 효과적으로 사용할 수 있습니다. 낯설겠지만 꼭 직접 쳐보면서 적용해보세요.

**구성 01
바로 실습**

**구성 03
코드 박스**

Part 01

**기본부터 차근차근
옵시디언 시작하기**

옵시디언이 처음이라면 여기는 꼭! 옵시디언을 설치하고 기본 세팅을 진행합니다.

Part 02

**연결과 확장,
핵심 기능 활용**

옵시디언의 핵심, 정보를 조합하고 연결하는 주요 기능을 학습합니다.

Part 03

**생산성 프레임워크로
지식 정보 관리하기**

어떻게 노트를 기록하고 정리할지 여러분만의 노하우를 만들어보세요.

Part 04

**레벨 업 옵시디언
심화 활용하기**

HTML, CSS 등 개발 지식이 있다면 이런 활용도 도전해보세요.

**구성 02
1분 꿀팁**

실수하기 쉬운 부분, 참고로 더 알아두면 좋은 부분을 콕 짚어 설명했습니다.

1 분 꿀 팁 **모든 제목, 리스트의 하위 내용을 숨기거나**

제목과 리스트를 많이 사용한 노트에서는 전체 개요를 파악하기 세세하게 보기 위해 펼치고 싶을 수 있습니다. 만약 모든 리스트를 ~ 명령어 팔레트에서 'Fold all heading and lists'를 선택하면 됩니 'Unfold all headings and lists'를 선택하면 됩니다.

50%

저자 깃허브에서 학습 자료를 살펴보세요

실습 과정에서 필요한 예제 파일은 이곳에서 다운 받으세요. 저자가 작성한 제텔카스텐 노트도 둘러보며 여러분의 노트 작성에 참고해보세요.

저자 깃허브
github.com/Sianmin/obsidian-goldenrabbit

▲ 저자 깃허브

50%

100%

200%

옵시디언 커뮤니티를 활용하세요

옵시디언은 기능을 익히는 것만큼 다른 사람들은 어떻게 쓰는지 참고하고 서로의 방법을 공유하는 것도 중요합니다. 현재 활성화된 국내 및 해외 옵시디언 커뮤니티는 다음과 같습니다. 다양한 옵시디언 활용법을 탐구해보세요.

국내_네이버 옵시디언 카페
cafe.naver.com/obsidianary
해외_디스코드
discord.gg/obsidianmd
해외_레딧
reddit.com/r/ObsidianMD

100%

유튜브, 오픈 카톡에서 함께 공부해요

궁금한 점이 있으면 저자에게 물어보세요. 저자 유튜브에서 옵시디언과 생산성 프레임워크에 대한 다양한 영상들도 만나보세요.

저자 오픈카톡
open.kakao.com/o/gqF5fNog

저자 유튜브
youtube.com/@sian-prod

▲ 저자 오픈카톡

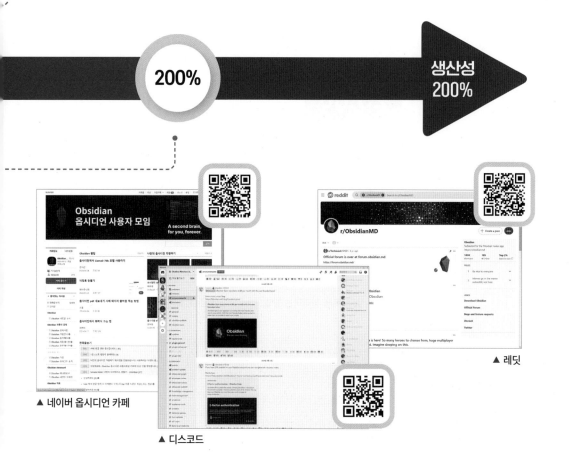

200%

생산성
200%

▲ 네이버 옵시디언 카페

▲ 디스코드

▲ 레딧

이 책에서 소개하는 기능을 활용하면 옵시디언을 다양한 방식으로 사용할 수 있습니다. 각 기능을 익히고 지식과 자료를 꾸준히 축적하면서 여러분만의 활용 방법도 찾아보세요!

하나, 일상과 업무 정리하기

일기나 업무 일지를 작성할 수 있습니다. 업무 일지에 템플릿을 적용하거나 완료하지 못한 작업들을 주간 노트로 가져와 한 주 동안 놓친 일들을 점검할 수 있습니다. 또한 PARA 방법을 활용하여 노트 정리 방법의 기틀을 다질 수 있습니다.

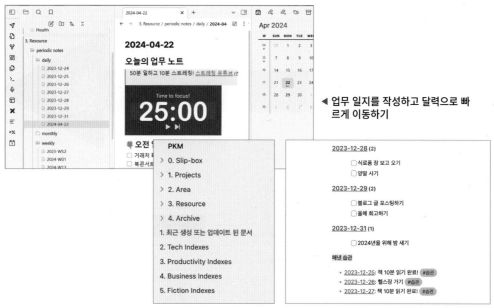

◀ 업무 일지를 작성하고 달력으로 빠르게 이동하기

▲ 노트를 정리하는 방법   ▲ 주간 노트에서 일간 노트의 내용 가져오기

둘, 독서 노트 만들고 내용 연결하기

독서 노트를 작성하고 속성과 데이터뷰를 활용하여 읽은 책 목록을 데이터베이스처럼 볼 수 있습니다. 또한 독서 노트의 일부 내용을 발췌하여 내 생각과 연결할 수도 있습니다.

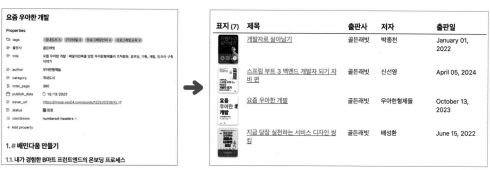

▲ 독서 노트를 작성하고 데이터베이스로 만들기

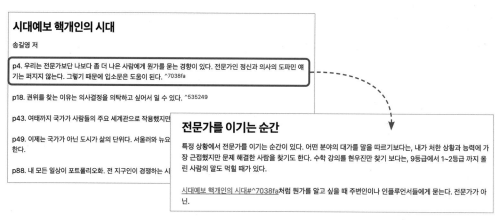

▲ 독서 노트의 일부 내용 발췌하여 내 생각과 연결하기

셋, 아이디어 보드 만들고 생각 정리하기

노트를 작성하는 것 이외에도 그림을 그리거나 다이어그램을 만들 수 있습니다. 옵시디언에서 아이디어를 자유롭게 펼쳐보세요. 그림뿐만 아니라 노트를 시각적으로 배치하여 생각 정리에 활용할 수도 있습니다.

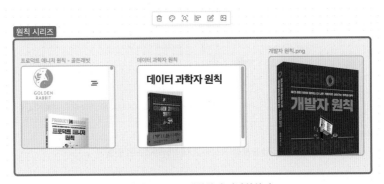

▲ 캔버스로 노트 배치하여 시각화하기

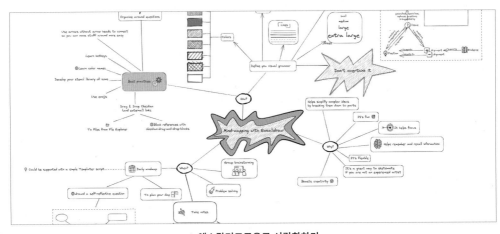

▲ 엑스칼리드로우로 시각화하기

넷, 지식과 아이디어 연결하고 시각화하기

메모를 모으고 이를 노트로 작성하여 서로 연결해보세요. 어느새 나의 생각과 관심사를 담은 두번째 뇌가 만들어져 있을 겁니다. 그리고 AI를 활용하면 예상치 못한 아이디어 연결이나 글쓰기에 도움이 될 수 있습니다.

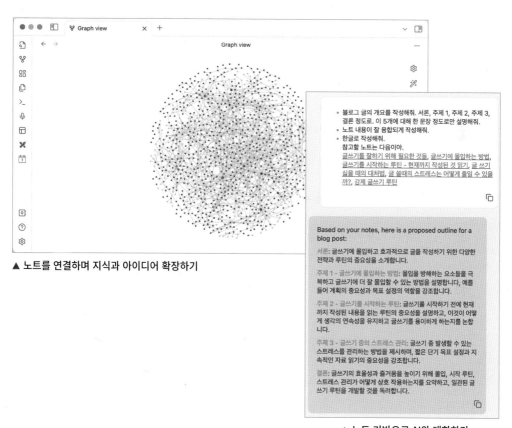

▲ 노트를 연결하며 지식과 아이디어 확장하기

▲ 노트 기반으로 AI와 대화하기

다섯, 프레젠테이션과 디지털 가든으로 생각 공유하기

회의 직전에 급히 아이디어 공유 자료를 만들어야 할 때는 노트 내용을 간단하게 프레젠테이션으로 만들 수 있습니다. 또한, 평범한 블로그와는 다르게 나의 생각의 연결을 강조하는 '디지털 가든'을 만들 수 있습니다.

▲ 노트로 진행하는 프레젠테이션

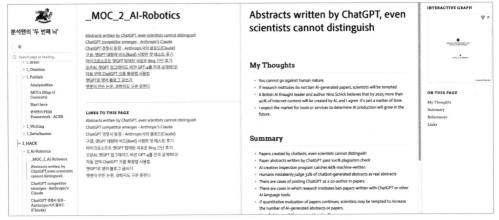

▲ 생각의 연결을 공개적으로 보여주는 디지털 가든

옵시디언의 노트 편집 단축키를 익혀두면 더 빠르게 작업할 수 있습니다. 이 부분은 **[Settings →
Hotkeys]** 에서도 변경할 수 있습니다. 텍스트를 편집할 수 있는 프로그램의 단축키와 많이 겹치
니 익혀두면 옵시디언뿐만 아니라 그 외 작업에서도 속도를 높이는 데 도움을 줄 겁니다.

기본 행동

기능	윈도우	맥OS
복사	⊞ Ctrl + C	🍎 cmd + C
잘라내기	⊞ Ctrl + X	🍎 cmd + X
붙여넣기	⊞ Ctrl + V	🍎 cmd + V
마크다운이나 서식 없이 붙여넣기	⊞ Ctrl + Shift + V	🍎 cmd + Shift + V
되돌리기	⊞ Ctrl + Z	🍎 cmd + Z
다시 실행	⊞ Ctrl + Shift + Z	🍎 cmd + Shift + Z
단락 복사 ┐ 단락에 커서 놓고 단축키 입력	⊞ Ctrl + C	🍎 cmd + C
단락 잘라내기 ┘	⊞ Ctrl + X	🍎 cmd + X

텍스트 편집

기능	윈도우	맥OS
새로운 줄 삽입	⊞ Enter	🍎 Enter
이전 문자 삭제	⊞ Backspace	🍎 Backspace
다음 문자 삭제	⊞ Delete	🍎 Delete
이전 단어 삭제	⊞ Ctrl + Backspace	🍎 cmd + Backspace
다음 단어 삭제	⊞ Ctrl + Delete	🍎 cmd + Delete
현재 줄 삭제 ┐ 단락에 커서 놓고 단축키 입력	⊞ Ctrl + Shift + K	🍎 cmd + Shift + Z
현재 줄 시작까지 삭제		🍎 cmd + Backspace
현재 줄 끝까지 삭제		🍎 cmd + Delete

텍스트 이동

기능	윈도우	맥OS
커서를 단어 시작/끝으로 이동	⊞ Ctrl + 왼쪽/오른쪽 화살표	⌘ Option + 왼쪽/오른쪽 화살표
커서를 현재 줄 시작/끝으로 이동	⊞ Home/End	⌘ Cmd + 왼쪽/오른쪽 화살표
커서를 노트 시작/끝으로 이동	⊞ Ctrl + Home/End	⌘ Cmd + 위/아래 화살표
커서를 위/아래로 한 페이지 이동	⊞ Page up/Page down	⌘ Ctrl + 위/아래 화살표

텍스트 선택

기능	윈도우	맥OS
선택 해제	⊞ ESC	⌘ ESC
모두 선택	⊞ Ctrl + A	⌘ Cmd + A
한 문자씩 선택 확장	⊞ Shift + 왼쪽/오른쪽 화살표	⌘ Shift + 왼쪽/오른쪽 화살표
한 단어씩 선택 확장	⊞ Ctrl + Shift + 왼쪽/오른쪽 화살표	⌘ Option + Shift + 왼쪽/오른쪽 화살표
한 줄씩 선택 확장	⊞ Shift + Home/End	⌘ Cmd+Shift + 왼쪽/오른쪽 화살표
노트 시작/끝으로 선택 확장	⊞ Ctrl + Shift + Home/End	⌘ Cmd+Shift + 위/아래 화살표
선택을 위/아래 페이지로 확장	⊞ Shift + Page up/Page down	⌘ Ctrl+Shift + 위/아래 화살표

책에서 사용했던 명령어 팔레트를 정리했습니다. 명령어 팔레트는 ⊞ Ctrl + P ⌘ cmd + P 로 열 수 있고 명령어로 옵시디언의 다양한 세부기능을 실행할 수 있습니다.

기본 행동

기능	명령어
새로운 노트 생성	Create new note
현재 노트 삭제	Delete current file
현재 노트 이동	Move current file to another folder
탭 분리	Split right, Split down
현재 탭 새창에서 열기	Open current tab in new window
현재 탭 새창으로 이동하기	Move current tab in new window
모든 제목과 리스트 접기	fold all heading and lists
모든 제목과 리스트 펼치기	unfold all headings and lists
소스 모드 진입	Toggle Live Preview/Source mode
읽기 모드 진입	Toggle reading view
표 추가	Insert table
새 속성 추가	Add file property

코어 플러그인

기능	명령어
프레젠테이션 실행	Slides: Start presentation
로컬 그래프 뷰 보기	Graph view: Open local graph
템플릿 사용하기	Templates: Insert template
협재 날짜 추가	Templates: Insert current date
현재 시간 추가	Templates: Insert current time
캔버스 만들기	Canvas: Create new canvas
Note composer로 선택한 부분 추출	Note composer: Extract current selection...

| Note composer로 노트 합치기 | Note composer: Merge current file with another file... |
| 퍼블리시 사이트 관리 | Publish: Publish changes... |

커뮤니티 플러그인

기능	명령어
(Periodic Notes) 일간 노트 생성	Periodic Notes: Open daily note
(Periodic Notes) 주간 노트 생성	Periodic Notes: Open weekly note
(Periodic Notes) 월간 노트 생성	Periodic Notes: Open monthly note
(Periodic Notes) 연간 노트 생성	Periodic Notes: Open yearly note
(Excalidraw) 엑스칼리드로우 파일 생성	Excalidraw: Create new drawing
(Excalidraw) 엑스칼리드로우 마크다운 보기	Excalidraw: Toggle between Excalidraw and Markdown mode
Note composer로 선택한 부분 추출	Note composer: Extract current selection...
Note composer로 노트 합치기	Note composer: Merge current file with another file...
(Smart Connections) Smart Connections으로 노트 추천	Smart Connections: Open: View Smart Connections
(Smart Connections) Smart Chat 사용	Smart Connections: Open: Smart Chat Conversation

✔ 목차 +

기본부터 차근차근 옵시디언 시작하기

Part 02 연결과 확장, 옵시디언 핵심 기능 활용하기

Part 03 생산성 프레임워크로 지식 정보 관리하기

Part 04 레벨 업 옵시디언 심화 활용하기

기본부터 차근차근
옵시디언 시작하기

학습목표

옵시디언의 세계에 오신 것을 환영합니다. 옵시디언을 처음 접하면 많이 하는 말이 '어렵다'입니다. 옵시디언의 자유도에 압박감을 느끼기 때문입니다. 이걸 다 배워야 하나 싶기도 하고요. 하지만 차근차근 따라오면서 필요한 내용만 습득하면 메모장 사용법과 다를 바 없게 느껴질 겁니다. Part 1에서는 옵시디언의 소개와 설치부터 기본적인 사용법을 안내합니다.

핵심 키워드

#옵시디언 #볼트 #노트 #마크다운 #플러그인

$$\boxed{\text{Chapter 01}}$$

옵시디언이 무엇인가요?

옵시디언을 한 마디로 소개하자면 생각의 정리와 확장을 도와주는 현존 최고의 노트 앱이라 볼 수 있습니다. 왜 그런지 이제부터 차근차근 알아보겠습니다.

생각의 정리와 확장을 도와주는 옵시디언 01

요즘 노트 앱은 기본적으로 마크다운Markdown 기반으로 동작합니다. 마크다운은 문서 작성을 목적으로 만든 컴퓨터 언어로 옵시디언 역시 마크다운 기반의 노트 앱입니다. 수많은 노트 앱 중 옵시디언은 개인 지식 관리Personal Knowledge Management, PKM에 특화된 것으로 유명합니다. 그래서 누군가와 협업할 목적보다는 개인용으로 사용하기에 적합합니다. 노션을 협업용으로 사용하고 옵시디언을 개인용으로 사용하는 사용자도 많습니다.

2020년에 출시된 옵시디언은 매력적인 기능과 높은 자유도 덕에 빠르게 퍼졌습니다. 자유도가 높다는 건 사용자가 마음대로 조작할 수 있는 부분이 많다는 뜻입니다. 현재 해외에서는 옵시디언이 노션 다음으로 인기 있는 노트 앱입니다.

▼ 노트 간 연결성을 시각화하는 옵시디언의 그래프 기능

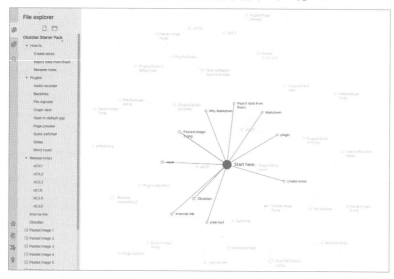

앞 그림과 같이 노트 간 연결성을 시각화하는 그래프 기능은 옵시디언의 트레이드 마크입니다. 저도 이 기능을 신기해하며 옵시디언에 입문했습니다. 옵시디언 자체의 기능도 풍부하지만, 플러그인이나 테마 등을 통해 다양한 기능이 제공됩니다. 플러그인을 사용하면 옵시디언에 새로운 기능을 추가할 수 있으며, 테마로 옵시디언의 디자인을 바꿀 수 있습니다. 개발 역량이 있으면 스스로 플러그인이나 테마를 개발할 수도 있습니다. 옵시디언은 윈도우, 맥OS, 리눅스, 안드로이드, iOS에서 사용할 수 있습니다. 옵시디언은 다음과 같은 특징을 가집니다.

로컬에 데이터를 저장하는 노트 앱

많은 노트 앱이 클라우드 기반으로 동작하지만 옵시디언은 로컬 기반으로 동작합니다. 즉, 여러분의 컴퓨터나 기기에 실제 노트가 저장되는 구조입니다. 로컬 방식 동작의 장점은 다음과 같습니다.

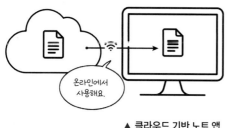

▲ 클라우드 기반 노트 앱   ▲ 옵시디언

첫 번째로는 서비스가 운영을 중지해서 노트가 사라질 걱정을 안 해도 됩니다. 웹 저장소인 클라우드에서 돌아가는 노트 앱은 혹시라도 서비스가 사라지거나 노트를 저장한 데이터 센터가 파괴되면 소중한 노트를 잃어버릴 위험이 있습니다. 하지만 옵시디언은 로컬 기반이므로 여러 기기에 백업을 해놓는다면 나중에 서비스 지원이 중단되어도 노트가 유실되거나 필요할 때 사용 못 할 일이 없습니다. 로컬의 마크다운 파일이 있기 때문에 옵시디언에서 다른 노트 앱으로 전환하기도 용이하죠. 즉, 위험을 줄이는 측면에서 유리합니다.

두 번째로 인터넷이 작동하지 않는 환경에서 사용할 수 있습니다. 옵시디언은 로컬에서 동작하므로 인터넷 연결 없이도 노트를 열고 편집할 수 있습니다. 인터넷이 작동하더라도, 클라우드 기반의 노트 앱은 서비스에 장애가 생기면 이용할 수 없습니다. 서버가 다운되어 필요할 때 노트 앱을 사용하지 못한 경험이 다들 있을 겁니다.

또한, 보안 유출을 염려하여 클라우드 기반의 노트 앱을 막는 회사가 많습니다. 이때 회사에서 자료나 생각 정리를 위한 노트 앱으로 옵시디언 사용을 고려할 수도 있습니다. 다만 영리 단체는 상업용 라이선스를 구매해야 합니다. 이 내용은 잠시 후에 더 설명하겠습니다.

세 번째로 노트를 활용해 다양한 작업을 할 수 있습니다. 예컨대 특정 내용이 포함된 모든 노트에 문구를 추가하거나, 노트 내용을 AI에 학습시키는 작업은 클라우드 기반 노트 앱으로는 힘들 겁니다. 노션이나 에버노트 같은 노트 앱은 용도에 맞는 API를 제공해주지 않기 때문입니다. 하지만 옵시디언은 자동화 프로그램만 구축하면 해당 작업을 진행할 수 있습니다. 노트에 AI를 활용할 수 있게 다양한 플러그인도 개발되었습니다.

반면 로컬에서 동작하기에 치명적인 단점이 하나 있으니, 바로 동기화입니다. 다른 노트 앱에서는 매끄럽고 신경 쓰지 않았던 동기화가 옵시디언에서는 장애물입니다. 또한 로컬에서 동작하기 때문에 옵시디언을 활용한 협업 경험이 매끄럽지는 않습니다. 동기화 문제는 유료로 옵시디언 싱크 플러그인을 이용하거나 아이클라우드, 구글 드라이브 같은 클라우드와 연동 또는 NAS를 구축해 해결할 수 있습니다. 이 책에서도 무료로 동기화할 수 있는 방법을 소개할 겁니다.

입맛대로 꾸미고 사용할 수 있는 노트 앱

옵시디언은 커스터마이징이 우수합니다. 따라서 어떤 기능이 필요하면 입맛대로 추가할 수 있습니다. 여러분에게 필요한 웬만한 기능은 플러그인으로 구현되어 있습니다. 개발 능력이 있다면 플러그인을 만들거나 혹은 오픈 소스로 공개된 플러그인 생태계에 기여할 수 있죠. 플러그인 외에도 테마나 단축키 지정 등 다양한 부분을 자유롭게 설정할 수 있습니다.

하지만 이는 진입 장벽으로 작용하기도 합니다. 옵시디언이 어렵다고 인식되는 이유가 바로 방대한 자유도 때문입니다. 하지만 이 단점은 문제가 아닙니다. 여러분이 이 책을 읽고 있기 때문이죠. 최대한 쉽게 필요한 기능을 위주로 설명할 테니 차근차근 따라 해주세요.

이와 같은 특징들로 인해 옵시디언은 개인의 지식, 정보, 자료 관리로 쓰기에 적합한 노트 앱입니다.

요금제와 라이선스 살펴보기 02

기본적으로 옵시디언은 무료입니다. 다만 상업적으로 이용하려면 상업용 라이선스를 구매해야 합니다. 여기서 상업적 이용이란 쉽게 말해서 회사에서 사용하는 것을 의미합니다. 현재 상업용 라이선스의 비용은 연간 50달러입니다. 또한 옵시디언의 일부 기능이 유료로 제공됩니다. 기기 간 동기화를 쉽게 해주는 싱크 플러그인, 옵시디언의 노트들을 웹으로 호스팅하는 퍼블리시 플러그인은 요금을 지불해야 합니다.

여러분이 학생이어서 교육 기관에 소속되어 있거나 비영리 단체에 소속되어 있으면 싱크와 퍼블리시 요금을 할인받을 수 있습니다. 이와 관련된 자세한 내용은 옵시디언의 Help 페이지를 참고하길 바랍니다.

리마인드 노트

- 옵시디언은 개인 지식 관리에 특화된 노트 앱으로, 높은 자유도를 제공합니다.
- 옵시디언은 클라우드 기반 노트 앱과 달리 파일을 로컬에 저장하여 서비스 중지 시 데이터 유실 걱정이 없으며, 인터넷 연결 없이도 사용할 수 있습니다.

Chapter 02

옵시디언 시작하기

지금부터 옵시디언을 설치하고 세팅해봅니다. 옵시디언은 다양한 플랫폼에서 동작합니다. 이 책에 있는 스크린샷은 대부분 맥OS 환경에서 만들어졌습니다. 하지만 윈도우에서도 차이가 없기에 쉽게 따라할 수 있을 겁니다.

PC와 스마트폰에 옵시디언 설치하기 03

바로 실습 윈도우, 맥OS에서 설치하기

옵시디언 홈페이지에 접속해서 [Download] 탭으로 들어갑니다. 그러면 자신의 운영체제에 알맞은 설치 파일을 다운받을 수 있습니다.

◉ 옵시디언 다운로드 obsidian.md/download

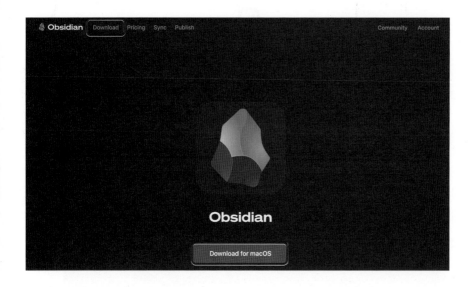

🏹 바로 실습 스마트폰에서 설치하기

안드로이드라면 구글 플레이 스토어에서, 아이폰과 아이패드라면 앱 스토어에서 옵시디언을 다운 받을 수 있습니다.

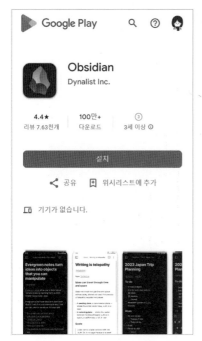

🔗 모든 생각의 시작, 볼트 생성하기 [04]

옵시디언은 로컬 기반 노트 앱이기에 노트를 어디에 저장할지 지정해야 합니다. 노트를 보관하는 장소를 **볼트**Vault라고 합니다. 모든 노트의 시작이 되는 볼트를 만들어봅시다.

▶ 바로 실습   새 볼트 생성하기

01 옵시디언을 실행합니다. 다음과 같은 화면이 뜰 겁니다. 이때, ❶ [English] 드롭다운 메뉴를 눌러서 언어를 설정하고 ❷ [Create] 버튼을 눌러서 볼트를 생성합니다. **이 책은 옵시디언의 인터페이스를 영어로 설정하고 진행합니다.**

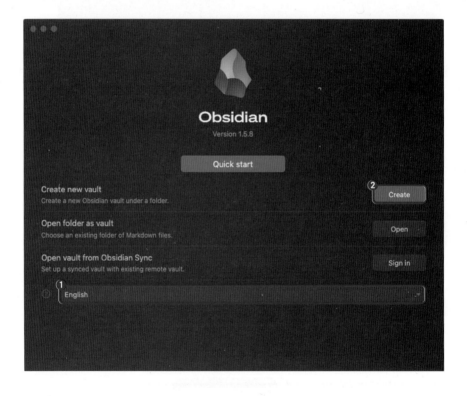

 꼭 영어로 설정해야 하나요?

영어를 사용하는 두 가지 이유가 있습니다. 첫째, 옵시디언 한글 번역은 오픈 소스로 사람들의 자발적인 참여로 이루어집니다. 한글 번역은 언제든 수정이 발생할 수 있고 아직 번역이 안 된 부분도 있습니다. 그래서 한글로 설명을 진행하면 캡처나 메뉴 이름 등이 바뀌어 여러분에게 혼란을 줄 수 있습니다. 사용되는 영단어 수준이 높지 않으니 당황하지 마세요.

둘째, 옵시디언은 한국어 자료보다 영어 자료가 훨씬 많습니다. 원래 뭐든 영어 자료가 더 많기는 하지만 옵시디언은 아직 국내에서 널리 퍼지지는 않았습니다. 옵시디언을 사용하다가 문제가 발생하면 영어로 검색해야 문제 해결이 훨씬 쉽기 때문에 영어 사용에 익숙해지기를 권합니다.

 볼트는 여러 개 써도 될까요?

옵시디언은 여러 볼트를 동시에 사용할 수 있습니다. 그래서 볼트를 한 개만 쓸지 혹은 여러 개를 쓸지는 옵시디언 사용자의 단골 질문 중 하나입니다.

사실 이 질문에 정해진 답은 없습니다. 취향과 정리 방법이 사람마다 다르기 때문입니다. 누군가의 바탕화면에는 폴더가 가득하지만, 누군가는 하나의 폴더에 파일을 전부 넣어두는 것처럼요. 그럼에도 권장사항을 말씀드리자면, 회사 보안 정책으로 어쩔 수 없이 볼트를 분리하는 상황이 아니라면 가급적 하나의 볼트 사용을 권장합니다. 그 이유는 볼트 간 옮겨 다니는 경험이 그리 좋지는 않기 때문입니다. 사실 제대로 된 노트 정리 방법론만 가지면 볼트 한 개로도 충분히 몇 천 개의 노트를 다룰 수 있습니다.

02 다음과 같은 화면이 뜨면 ❶ 볼트의 이름을 적습니다. 예제에서는 이름을 Obsi로 했습니다. ❷ [Browse] 버튼으로 볼트가 만들어질 폴더를 지정합니다. 만약 아이클라우드나 구글 드라이브 등의 클라우드 저장소를 이용해서 기기 간 동기화를 할 거면 해당 드라이브에 저장해도 됩니다. ❸ [Create] 버튼을 눌러 폴더를 생성해주세요.

03 그러면 다음과 같은 창이 뜹니다. 축하합니다. 첫 번째 옵시디언 볼트를 생성했습니다.

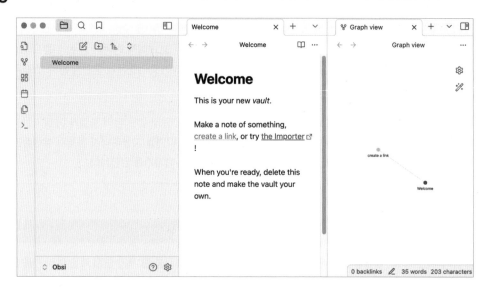

04 옵시디언 창을 잠시 접어놓고 앞서 **[Browse]**로 지정한 로컬 폴더에 들어가보세요. Obsi 폴더가 보일 겁니다. Obsi 폴더 안에는 Welcome.md 파일만 있을 겁니다. 아직 노트를 작성하지 않았기 때문입니다. 숨김 파일을 보이게 하면 .obsidian이라는 폴더 하나를 확인할 수 있습니다.

> 🫳**TIP** 숨김 파일을 보려면 맥은 Finder에서 `Cmd+Shift+.`를 누르고, 윈도우는 탐색기에서 '숨김 파일 보기'를 체크하세요.

05 .obsidian 폴더에 들어가서 다양한 설정 파일을 확인해보세요. 다음 그림처럼 옵시디언 설정, 플러그인, 테마, 단축키 등의 정보가 모두 .obsidian 폴더에 저장됩니다. 따라서 여러분이 옵시디언에서 여러 플러그인을 설치하거나 설정을 바꿔도 .obsidian 폴더만 동기화한다면 해당 정보는 다른 기기에도 반영됩니다.

▶ 바로 실습 기존 폴더를 볼트로 사용하기

다른 사람의 볼트를 받았거나 혹은 동기화를 위해 클라우드 드라이브에 있는 옵시디언 폴더를 볼트로 사용하고 싶을 수 있습니다. 여기서는 예제용 볼트를 열어보겠습니다.

01 먼저 다음 링크에 접속해서 예제용 볼트 파일을 다운받으세요. 저자의 깃허브 저장소입니다.

🌐 github.com/Sianmin/obsidian-goldenrabbit

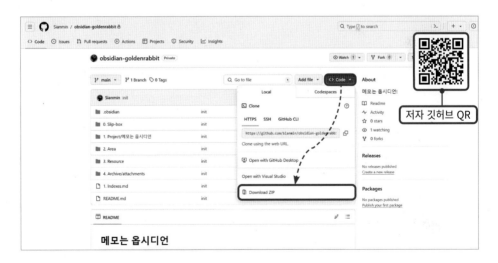

[Code]를 누르고 [Download ZIP]을 누르면 파일을 다운받을 수 있습니다.

02 다시 옵시디언으로 돌아옵니다. 이미 볼트를 만든 상태라면 볼트를 변경해야 합니다. 왼쪽 아래 현재 볼트 이름(Obsi)을 클릭하고 **[Manage vaults...]**를 클릭하면 볼트를 지정할 수 있는 창이 뜹니다.

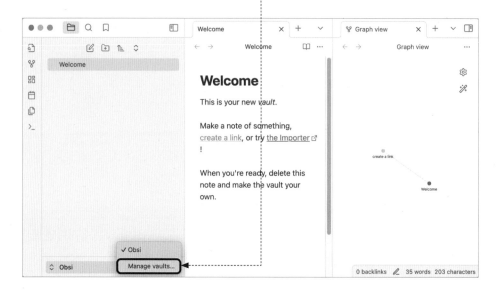

03 [Open] 버튼을 누르고 볼트로 사용하고 싶은 폴더를 지정하면 됩니다.

04 다음 창이 뜨면 [Trust author and enable plugins]를 선택합니다.

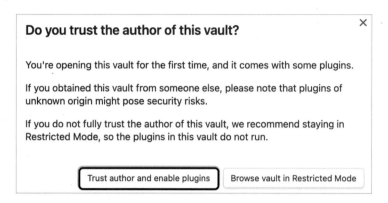

05 예제 볼트를 성공적으로 가지고 왔습니다.

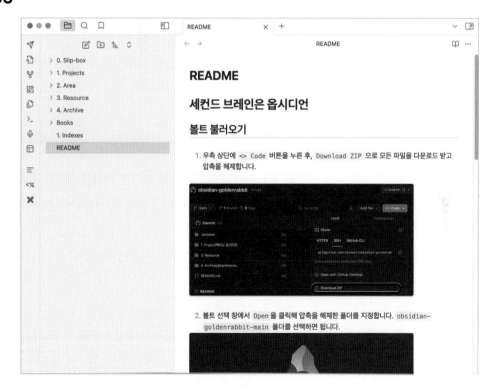

예제 볼트에는 이 책에서 소개하는 기능 예제와 함께 몇 가지 설정이 되어 있습니다. 이후의 학습은 사전 설정이 되어 있지 않은 상태부터 따라 해야 하므로 새 볼트에서 진행하기를 권합니다.

🔗 옵시디언 인터페이스 살펴보기 05

이제 옵시디언의 인터페이스를 살펴보며 어떤 메뉴들이 있는지 살펴볼까요?

데스크톱 인터페이스

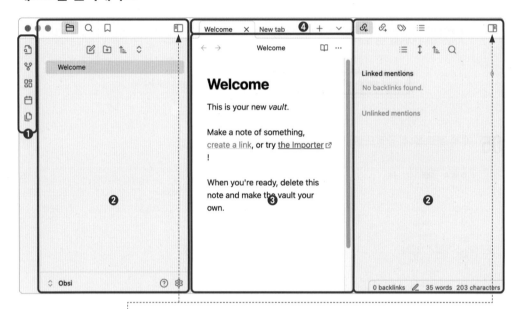

❶ **리본** : 명령어를 모아두는 공간입니다. 드래그 앤 드롭으로 아이콘 순서를 변경할 수 있습니다. 특정 아이콘을 안 보이게 하려면 리본이 있는 바의 빈 공간을 우클릭해서 지울 아이콘을 선택할 수 있습니다.

❷ **사이드바** : 사이드바는 왼쪽 사이드바와 오른쪽 사이드바로 이루어져 있습니다. 각 사이드바의 위에 있는 📖를 클릭해 여닫을 수 있습니다.

❸ **메인 영역** : 여기에서 노트를 작성하고 읽습니다.

❹ **탭** : 노트를 실행하면 메인 영역에 탭이 추가되면서 노트 창이 실행됩니다. 데스크톱에서 탭은 쉽게 분리할 수 있습니다. 상하좌우로 여러 노트를 동시에 띄울 수 있으며 심지어 사이드바에 둘 수도 있습니다. 다음 그림과 같이 자유롭게 배치할 수 있습니다.

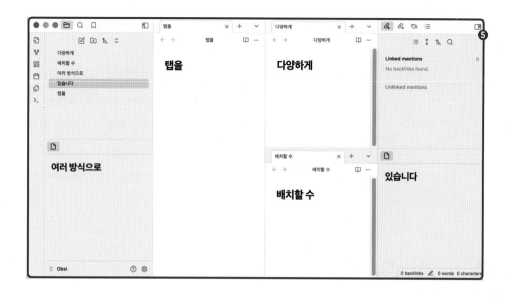

❺ 워크스페이스 : 리본, 사이드바, 탭의 구성 전체를 워크스페이스라고 합니다. 옵시디언을 종료한 후 실행하면 가장 최근의 워크스페이스 상태를 불러옵니다.

> 🪨 **TIP** 코어 플러그인 중 하나인 Workspace를 이용하면 현재 워크스페이스 상태를 저장하고 언제든지 불러올 수도 있습니다.

모바일 인터페이스

모바일 인터페이스는 데스크톱과 약간 다릅니다. 툴바나 퀵 액션 등 편의성을 고려해 추가된 기능도 몇 가지 있습니다. 모바일에서 사이드바는 화면을 좌우로 드래그해서 열 수 있습니다. 왼쪽 사이드바는 상단의 🔲 를 누르면 열립니다. 그리고 가장 눈에 띄는 것이 아래에 있는 내비게이션 바입니다. 내비게이션 바의 명령어를 살펴봅시다.

❶ 해당 탭에서의 이전 또는 이후에 열었던 노트로 이동할 수 있습니다.

❷ 기존 노트를 열거나 새로운 노트를 만들 수 있습니다.

❸ 탭입니다. 새로운 탭을 추가하거나 탭 간 이동할 수 있습니다. 데스크톱 인터페이스처럼 탭을 자유롭게 배치할 수는 없습니다.

❹ 명령어를 모아둔 리본입니다.

데스크톱에는 없고 모바일에서만 쓸 수 있는 기능으로 툴바가 있습니다. 바로 노트 편집할 때 키보드 위에 뜨는 명령 모음입니다. 데스크톱에서 키보드를 사용할 때와 다르게 모바일에서는 특수문자 입력이 까다롭습니다. 툴바를 이용하면 모바일에서도 마크다운을 쉽게 입력할 수 있습니다. 이 툴바에 어떤 명령을 넣고 어떻게 배치할지는 옵시디언 설정의 'Mobile'에서 지정할 수 있습니다.

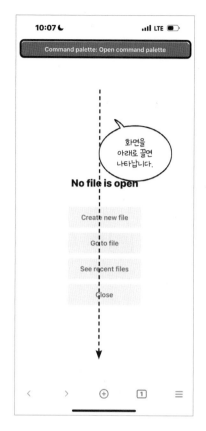

모바일에서는 화면을 아래로 끌어당겨서 명령을 실행하는 기능인 퀵 액션도 사용할 수 있습니다. 퀵 액션은 기본적으로 옵시디언에서 명령을 실행할 수 있는 명령어 팔레트를 실행합니다. 퀵 액션은 옵시디언 설정의 'Mobile'에서 지정할 수 있습니다.

노트 편집이나 명령어 팔레트가 무엇인지는 뒤에서 차차 설명하겠습니다. 일단은 이런 기능이 있다는 것만 알고 넘어가주세요.

🔗 노트와 폴더 만들고 삭제하기 06

옵시디언에서는 노트와 폴더로 자료를 다룹니다. 옵시디언에서 가장 많이 사용하는 기능이 노트와 폴더를 만들고, 열고, 수정하는 겁니다. 가장 많이 사용하는 만큼 단축키도 익혀두길 바랍니다.

▶ 바로 실습 노트와 폴더 생성하기

노트와 폴더를 만들어봅니다. 우리가 옵시디언의 메뉴를 클릭할 때, 로컬 기반인 옵시디언에서 무슨 일이 벌어지는지 확인하겠습니다.

01 첫 폴더를 생성해봅시다. ⊞를 클릭하면 Untitled이라는 폴더가 생성됩니다.

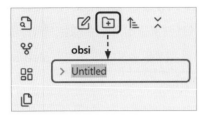

02 첫 노트를 생성해봅시다. 노트를 생성하는 방법은 총 세 가지입니다.

첫째, ✐을 누릅니다. 다음 그림처럼 왼쪽 사이드바 위쪽에서 쉽게 찾을 수 있습니다. 노트 생성 아이콘 오른쪽에 배치된 다른 아이콘

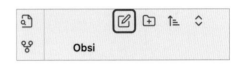

들의 기능이 궁금하다면, 해당 아이콘 위에 마우스를 잠시 올려보세요. 각 아이콘의 이름이 나타날 겁니다.

둘째, 단축키로 노트를 생성할 수도 있습니다. 노트 생성의 기본 단축키는 `Cmd + N` `Ctrl + N`입니다. 앞으로 단축키는 맥OS와 윈도우를 병행해서 표기할 예정이니, 자신의 운영체제에 맞는 단축키를 사용하기 바랍니다.

셋째, 명령어 팔레트를 이용해서 노트를 생성할 수 있습니다. 명령어 팔레트는 옵시디언의 모든 명령을 실행할 수 있는 곳입니다. 옵시디언의 고급 유저일수록 많이 활용하게 될 겁니다. `Cmd + P` `Ctrl + P`로 명령어 팔레트를 엽니다. 명령어 팔레트에서 'Create new note'를 입력하면 노트 생성 명령어와 할당된 단축키를 확인할 수 있습니다.

🐾 **TIP** 명령어 팔레트에 명령어를 모두 입력하지 않아도 입력 중간에 자동 완성이 되어 쉽게 선택할 수 있습니다.

03 폴더와 노트는 Untitled라는 제목으로 생성됩니다. 폴더는 이름만 있고, 노트는 이름(제목)과 본문으로 구성됩니다. 다음 그림에서는 이해하기 편하게 폴더와 제목의 이름을 변경했습니다.

왼쪽 사이드바에서 ❶ 🗁 를 클릭해 파일 브라우저에서 현재 볼트의 노트와 폴더 목록을 확인할 수 있습니다.

04 폴더 이름을 지정했다면 컴퓨터의 파일 탐색기를 열어 볼트 폴더로 가봅시다.

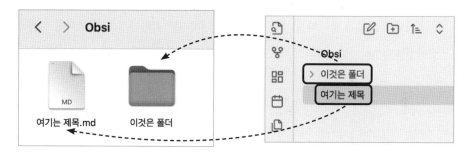

작성한 노트 제목으로 md 확장자 파일과 폴더가 생성되어 있습니다. md 확장자 파일은 노트가 마크다운 형식의 파일임을 의미합니다. 이처럼 노트와 폴더를 생성하면 기기 로컬 저장 공간에 실제 파일과 폴더가 생성됩니다.

옵시디언에서 오디오 파일도 열 수 있나요?

옵시디언은 다양한 파일 확장자를 지원합니다. 여기서 '지원'이란 옵시디언 내에서 직접 열어볼 수 있는 파일 형식을 의미합니다. 지원되는 확장자는 다음과 같습니다.

파일 종류	확장자
마크다운 파일	md
옵시디언 캔버스 파일	canvas
이미지	png, webp, jpg, jpeg, gif, bmp, svc
오디오	mp3, webm, wav, m4a, ogg, 3gp, flac
비디오	mp4, webm, ogv, mov, mkv
PDF	pdf

옵시디언에서 직접 열 수 없더라도 옵시디언 파일 브라우저에서 다른 확장자를 가진 파일 목록을 확인하고 싶다면 [Settings – Files and links – Detect all file extensions]를 활성화하면 됩니다. 기본적으로 비활성화된 옵션입니다.

바로 실습 노트와 폴더 이름 수정 및 삭제하기

파일 브라우저에서 노트와 폴더의 이름을 수정 및 삭제하려면 원하는 노트나 폴더를 우클릭한 후 이름 변경은 [Rename...]을 누르고 삭제는 [Delete]를 누르면 됩니다.

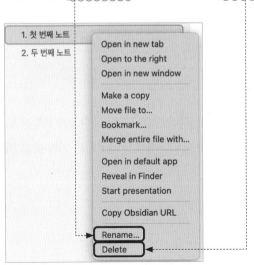

현재 열린 노트에서 조금 더 편하게 이름을 변경하거나 삭제할 수 있습니다. 노트 편집기에서 제목을 바꾸면 자동으로 노트 이름이 변경됩니다. 또한 본문을 편집하다가 F2 를 눌러 노트 이름을 변경할 수 있습니다.

현재 열린 노트는 명령어 팔레트에서 'Delete current file' 명령어로 삭제할 수 있습니다.

1 분 꿀 팁   노트 이름이 길어지니 문제가 생깁니다

옵시디언의 노트는 기기에 실제로 존재하는 파일이기 때문에 윈도우나 맥OS 등 운영체제의 파일명 규칙에 따라 제한이 있을 수 있습니다. 컴퓨터에서 파일을 저장하거나 만들 때 파일 이름이 길어지거나 허용하지 않는 기호를 써서 경고가 뜬 적이 있죠? 따라서 노트 이름은 최대한 간결하고 특수문자가 들어가지 않는 것이 좋습니다. 노트 이름을 조금 더 자유롭게 사용하거나 추가로 지정하고 싶다면 추후 'Chapter 11 속성으로 메타데이터 넣기'에서 학습할 aliases 기능을 활용하면 됩니다.

▶ 바로 실습 노트 삭제 후 동작 지정하기

옵시디언에서 삭제한 파일은 시스템의 휴지통으로 가도록 기본 설정되어 있습니다. 원한다면 삭제 후 다른 방식으로 작동하도록 설정할 수 있습니다. 방법은 다음과 같습니다.

⚙️을 눌러 설정창으로 이동할 수 있습니다. 설정의 **[Files and links → Deleted files]**에서 파일 삭제 동작을 선택할 수 있습니다. 항목별 작동은 다음과 같습니다.

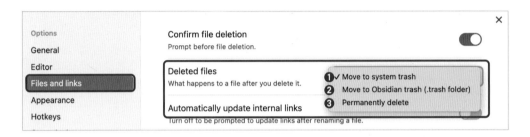

❶ 시스템 휴지통으로 이동합니다. 기본 설정값입니다.

❷ 옵시디언 휴지통으로 이동합니다. 옵시디언 휴지통은 볼트 폴더에서 .trash란 이름의 숨김 폴더로 찾을 수 있습니다.

❸ 영구 삭제로 시스템의 휴지통도 거치지 않고 바로 삭제됩니다.

🔗 노트와 폴더 관리하기 07

▶ 바로 실습 노트 빨리 찾기

노트가 많아지면 원하는 노트를 파일 브라우저에서 찾기 어려워질 수 있습니다. 그럴 때 퀵 스위처quick switcher를 이용해 노트를 빠르게 찾아 열 수 있습니다. **⌘ Cmd + O** **⊞ Ctrl + O**로 퀵 스위처를 연 뒤에 열려는 노트의 제목을 입력하면 됩니다.

▶ 바로 실습 노트와 폴더 옮기기

01 노트와 폴더의 위치 이동은 파일 브라우저에서 직관적으로 할 수 있습니다. ❶ 이동하려는 폴더나 노트를 드래그해 두고 싶은 위치에 두면 됩니다. ❷ ⊞ Alt Opt 를 누른 채 폴더나 노트를 선택하면 한번에 여러 개의 파일을 옮길 수 있습니다.

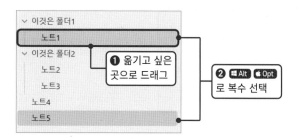

02 노트 이동은 명령어 팔레트로도 할 수 있습니다. 명령어 팔레트는 Cmd + P ⊞ Ctrl + P 로 열 수 있습니다. 이동할 노트를 연 상태에서 명령어 팔레트에서 'Move current file to another folder' 명령을 입력합니다.

03 그러면 폴더 목록이 보입니다. 원하는 폴더를 선택합니다. 최상위 볼트 폴더는 슬래시 / 기호이며 폴더의 계층 구조는 /로 구분되어 있습니다.

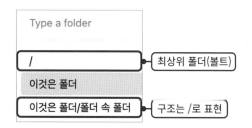

> 🖐 **TIP** 'Move current file to another folder'는 기본 단축키가 없습니다. 자주 사용하는 기능인 만큼 단축키로 지정해도 괜찮을 겁니다.

참고로 노트 순서를 임의로 지정할 순 없습니다. ↑Ξ 으로 파일 이름, 생성 날짜, 파일 수정 날짜에 따라 정렬할 수 있습니다. 기본적으로 파일 이름 기준 오름차순으로 정렬됩니다. 그래서 원하는 순서대로 파일을 배치할 때는 다음 그림처럼 숫자 인덱스를 붙여두는 방법을 활용하게 됩니다.

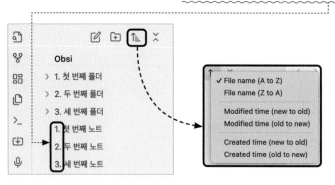

🔗 탭 조작하기 [08]

탭은 다양한 노트를 동시에 열어서 작업하고 참고할 수 있게 하는 핵심 기능입니다. 웹 브라우저의 탭과 비슷하게 동작하기에 직관적으로 다룰 수 있을 겁니다.

▶ 바로 실습   탭 추가 및 종료하기

01 그림에 표시된 것처럼 탭 오른쪽의 + 버튼을 누르거나 기본 단축키 ⌘ Cmd + T ⊞ Ctrl + T 를 눌러 새로운 탭을 열 수 있습니다.

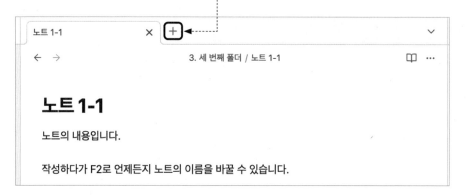

02 탭을 종료하려면 탭 오른쪽의 ✕ 버튼을 누르거나 기본 단축키 ⟨ Cmd + W ⟩ ⟨ Ctrl + W ⟩를 누르면 됩니다.

▶ 바로 실습 메인 영역에서 탭 분리하기

탭을 분리하면 한 화면에서 여러 노트를 동시에 볼 수 있습니다. 탭을 분리하는 몇 가지 방법을 알아봅시다.

01 드래그 앤 드롭으로 탭을 분리합니다. 분리하고 싶은 탭을 원하는 곳에 끌어다 놓으면 됩니다. 탭은 메인 영역뿐만 아니라 사이드바에도 배치할 수 있습니다.

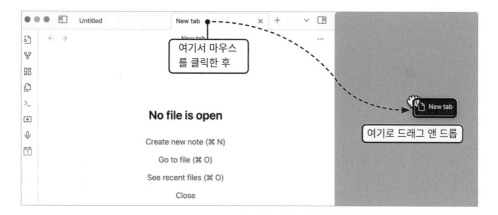

02 분리하려는 탭을 우클릭해 **[Split right]** 또는 **[Split down]**을 누르면 오른쪽 혹은 아래로 분리할 수 있습니다.

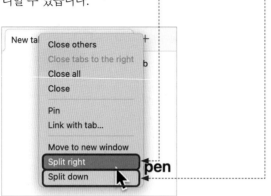

03 명령어 팔레트에서도 'Split right', 'Split down' 명령을 제공합니다. 이 명령어로 현재 열린 노트를 분리할 수도 있습니다. 이렇게 분리된 탭의 모음을 탭 그룹이라고 합니다.

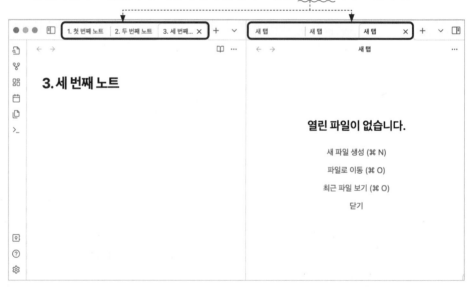

🖰 바로 실습 새로운 창으로 탭 분리하기

메인 영역 안에서 탭을 분리할 뿐만 아니라 새로운 창으로 탭을 분리할 수 있습니다. 방법은 메인 영역 안에서 탭을 분리한 것과 비슷합니다. 다음 그림과 같이 새로운 창에서 열 탭을 옵시디언 프로그램 바깥으로 드래그 앤 드롭하면 됩니다.

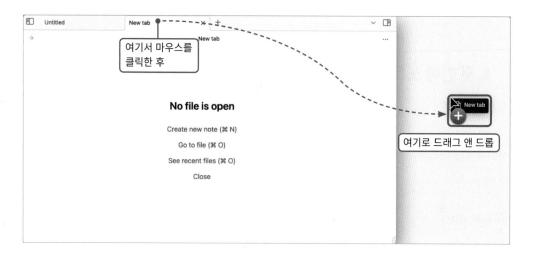

또는 탭을 우클릭하고 **[Move to new window]**를 선택해도 새로운 창에서 열 수 있습니다.

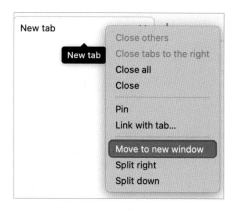

명령어 팔레트에서 'Open current tab in new window' 또는 'Move current tab to new window' 명령을 실행하면 현재 열려 있는 탭을 새로운 창으로 열 수 있습니다.

탭 스택 만들기

탭 스택은 하나의 탭 그룹 안에서 여러 노트를 동시에 참고할 때 유용한 기능입니다. 탭 그룹 오른쪽 ∨ 을 누른 후 [Stack tabs]를 누릅니다.

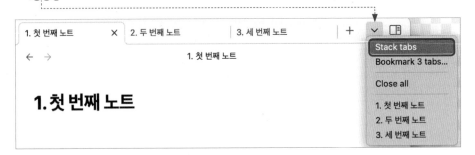

그러면 다음과 같이 탭을 쌓아둔 형태로 확인할 수 있습니다. 각 탭의 제목을 누르면 탭 간 이동할 수 있습니다.

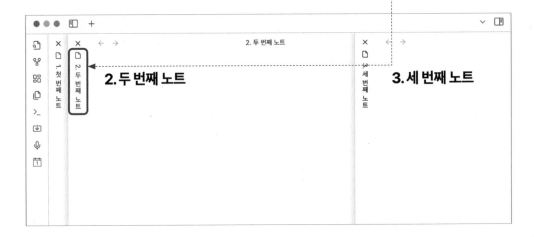

📎 **리마인드 노트**

- 옵시디언은 윈도우, 맥OS, 안드로이드, iOS에서 사용할 수 있습니다.
- 옵시디언은 '볼트'에 노트를 저장합니다. 여러 개의 볼트를 동시에 사용할 수 있습니다.
- 노트는 md 확장자 파일로 로컬에 저장됩니다.
- 명령어 팔레트를 활용해 옵시디언에 명령을 내릴 수 있습니다.

Chapter 03

기본 마크다운 문법 익히기

옵시디언에서 생성한 노트의 이름 뒤에는 모두 '.md'라는 확장자명이 붙습니다. 이는 마크다운Markdown 파일을 의미합니다. 옵시디언에서는 마크다운 파일을 노트로 활용합니다.

마크다운은 간단한 기호를 사용해 텍스트에 서식을 추가할 수 있는 일종의 약속입니다. 마크다운을 사용하면 복잡한 도구나 메뉴 없이 몇 가지 기호로 제목, 강조, 목록, 링크, 이미지 삽입 등 다양한 서식을 적용할 수 있습니다. 간단한 텍스트만으로 깔끔하고 읽기 쉬운 문서를 만들 수 있죠. 이러한 장점 덕분에 많은 노트 앱이나 협업 앱에서 마크다운을 지원합니다. 대표적으로 노션Notion, 컨플루언스Confluence가 있습니다.

많은 앱에서 지원하는 만큼 마크다운은 이식성이 뛰어납니다. 쉽게 말하면 같은 문서를 다른 플랫폼이나 프로그램에서 쉽게 읽고 편집할 수 있습니다. 문서를 다른 노트 앱에서 옵시디언으로 옮겨오거나, 혹은 아쉽게도 여러분이 옵시디언에서 다른 노트 앱으로 떠나게 되어도 같은 형식을 유지하며 옮길 수 있습니다. 또한 HTML이나 PDF 등 다른 파일로 변환도 쉽습니다.

지금부터 소개할 마크다운 문법을 한번에 모두 암기하려고 하지 마세요. 가장 많이 쓸 몇 가지 위주로 외우고, 나중에 필요한 게 있으면 그때 하나씩 익혀보세요. 마크다운은 문서를 꾸미는 데 도움을 주는 도구일 뿐입니다. 옵시디언으로 다이어리 꾸미기를 하려는 게 아닌 이상 마크다운에 크게 신경 쓸 필요는 없습니다.

🔗 제목 서식으로 강조하기 09

제목은 모든 마크다운 문법 중 가장 활용도가 높습니다. 그러니 제목을 사용하는 방법만큼은 꼭 외우길 바랍니다.

▶ 바로 실습 제목 서식 입력하기

#을 쓰고 띄어써서 제목heading**을 입력합니다.** 그러면 제목을 작성할 수 있습니다. 소제목으로 갈수록 #의 개수를 늘리면 됩니다. 소제목으로 갈수록 글자 크기는 작아집니다.

띄어쓰기 한 칸도 지켜야 하는 규칙입니다. #을 쓰고 띄어쓰지 않으면 제목이 아닌 태그 서식으로 인식됩니다. 다음과 같이 왼쪽의 화살표를 클릭하면 제목의 하위 내용을 접었다 펼 수도 있습니다.

🔗 텍스트 꾸미기 ⑩

텍스트에 다양한 서식을 적용할 수 있습니다. 필요에 맞는 서식을 사용해서 가독성 높은 문서를 작성해보세요.

▶ 바로 실습 굵은 글씨 입력하기

**로 글자를 감싸줍니다. 단축키로도 설정할 수 있습니다. 굵게 할 글자를 드래그한 후 🍎 Cmd + B 🪟 Ctrl + B 를 누릅니다.

일반 글자 **굵게 할 글자**	일반 글자 **굵게 할 글자**

▶ 바로 실습 기울어진 글씨 입력하기

*로 글자를 감싸줍니다. 기울일 글자를 선택 후 기본 단축키는 🍎 Cmd + I 🪟 Ctrl + I 입니다.

기울일 글자	*기울일 글자*

▶ 바로 실습 취소선 입력하기

~~로 글자를 감싸면 글자에 취소선이 그어집니다.

~~취소할 글자~~	~~취소할 글자~~

▶ 바로 실습 글씨 강조하기

==로 글자를 감싸줍니다. 글자에 하이라이트 효과가 적용됩니다.

==강조할 글자==	강조할 글자

🔗 인용문 서식 넣기 11

누군가 한 말을 쓰거나 책의 내용을 발췌할 때 사용하는 인용문[quote]입니다.

👆 바로 실습 **인용문 서식 입력하기**

인용문은 〉를 쓰고 띄어써서 입력합니다. 엔터를 쳐서 개행하면 다음 행에도 인용문이 적용됩니다.

〉 이런 식으로
〉 여러 줄에 걸쳐서
〉 인용문을 작성할 수 있다
〉   - 시안

> 이런 식으로
> 여러 줄에 걸쳐서
> 인용문을 작성할 수 있다
>   - 시안

🔗 코드 블록과 인라인 코드 넣기 12

개발자라면 코드 마크다운을 자주 활용할 것입니다. 코드는 문장 안에 코드를 입력하는 인라인 코드와 여러 줄에 걸쳐서 코드를 입력하는 코드 블록으로 나누어져 있습니다.

👆 바로 실습 **인라인 코드 입력하기**

백틱 ` 기호로 글자를 감싸서 표현합니다. 백틱은 키보드에서 숫자 1 왼쪽에 있습니다. 맥OS에서는 영어 입력 상태로 전환 후 입력합니다. 한글 입력 상태에서는 ₩가 입력됩니다.

노트 작성 도중 `인라인 코드`를 작성할 수 있다   노트 작성 도중 `인라인 코드` 를 작성할 수 있다

👆 바로 실습 **코드 블록 입력하기**

백틱 3개로, 즉 ``` 기호로 감싸줍니다. 인라인 코드와는 다르게 여러 줄에 서식을 적용할 수 있습니다.

```
```
여러 줄에 걸쳐

쓸 수 있는

코드 블록

```
```

```
여러 줄에 걸쳐
쓸 수 있는
코드 블록
```

또한 처음 ``` 오른쪽에 프로그래밍 언어를 입력하면 해당 언어 문법대로 하이라이팅이 됩니다. 다음은 파이썬 언어를 사용한 코드의 모습입니다.

```python
print("hello")

print("obsidian")
```

Python
```
print("hello")
print("obsidian")
```

1분 꿀팁 머메이드로 다이어그램 넣기

머메이드Mermaid는 텍스트를 작성해서 다이어그램이나 차트를 그릴 수 있는 도구입니다. 옵시디언의 코드 블록은 머메이드 문법을 지원합니다. 코드 블록 ``` 다음에 mermaid라고 작성하고 코드를 적으면 이를 렌더링하여 화면에 구현합니다.

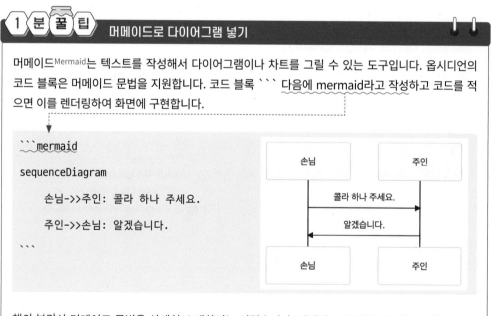

```mermaid
sequenceDiagram

    손님->>주인: 콜라 하나 주세요.

    주인->>손님: 알겠습니다.

```

책의 분량상 머메이드 문법을 상세히 소개하기는 어렵습니다. 머메이드 문법에 익숙하거나 혹은 문자로 다이어그램을 그리는 것에 관심이 있다면 이 기능을 이용해볼 수 있겠습니다.

🔗 리스트 넣기 13

목록, 즉 리스트에는 일반 리스트, 태스크 리스트, 숫자 리스트가 있습니다. 리스트는 모두 `Tab` 으로 들여쓰고 `Shift + Tab` 으로 내어쓸 수 있습니다. 그리고 제목과 마찬가지로 리스트 왼쪽의 화살표를 통해 하위 내용을 접었다 펼 수 있습니다.

▶ 바로 실습　**일반 리스트 입력하기**

-를 쓰고 띄어 쓰면 리스트 입력 모드로 전환됩니다. 엔터로 개행하면 다음 행에도 리스트가 적용됩니다.

- 리스트는 공통적으로 다음 기능을 가집니다. 　- Tab으로 들여서 쓸 수 있고 - Shift+Tab으로 내어 쓸 수 있습니다.	• 리스트는 공통으로 다음 기능을 가집니다. 　• Tab으로 들여서 쓸 수 있고 • Shift+Tab으로 내어 쓸 수 있습니다.

▶ 바로 실습　**태스크 리스트 입력하기**

대시와 대괄호의 조합인 - [ ]처럼 입력하면 됩니다. - 기호와 [기호 사이에 공란, [와] 기호 사이에 공란을 꼭 넣어야 합니다. 체크 표시를 할 수도 있습니다. - [ ] 대신 - [x]를 입력하면 됩니다. 아니면 생성된 체크 박스를 마우스로 클릭해도 됩니다.

- [ ] 태스크 리스트도 마찬가지로 　- [ ] 들여서 쓸 수 있습니다. - [x] 그리고 체크 표시도 할 수 있습니다	☐ 태스크 리스트도 마찬가지로 　☐ 들여서 쓸 수 있습니다. ☑ ~~그리고 체크 표시도 할 수 있습니다~~

▶ 바로 실습 숫자 리스트 입력하기

숫자 리스트는 숫자를 입력하고 점 . 기호를 입력한 뒤 띄어쓰면 됩니다. 엔터로 개행을 하면 자동으로 번호가 증가합니다.

1. 첫 번째 리스트

2. 두 번째 리스트

3. 세 번째 리스트

> 1. 첫 번째 리스트
> 2. 두 번째 리스트
> 3. 세 번째 리스트

1 분 꿀 팁   모든 제목, 리스트의 하위 내용을 숨기거나 보이게 하고 싶어요

제목과 리스트를 많이 사용한 노트에서는 전체 개요를 파악하기 위해 모든 리스트를 접거나 혹은 자세하게 보기 위해 펼치고 싶을 수 있습니다. 만약 모든 리스트를 접어서 최상위 리스트만 보고 싶다면, 명령어 팔레트에서 'Fold all headings and lists'를 선택하면 됩니다. 반대로 모든 리스트를 펼치려면 'Unfold all headings and lists'를 선택하면 됩니다.

🔗 수평선으로 구간 나누기

▶ 바로 실습 수평선 작성하기

수평선은 대시를 세 번(---) 연속 입력하여 삽입할 수 있습니다. **주의점은 수평선 바로 윗줄에 글자가 있으면 수평선이 적용되지 않습니다.** 바로 윗줄의 글자가 제목으로 취급됩니다.

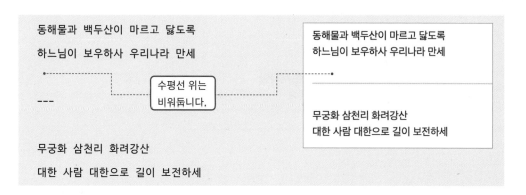

동해물과 백두산이 마르고 닳도록

하느님이 보우하사 우리나라 만세

수평선 위는 비워둡니다.

무궁화 삼천리 화려강산

대한 사람 대한으로 길이 보전하세

동해물과 백두산이 마르고 닳도록
하느님이 보우하사 우리나라 만세

무궁화 삼천리 화려강산
대한 사람 대한으로 길이 보전하세

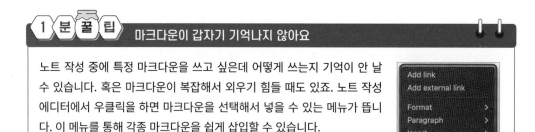

1분꿀팁 마크다운이 갑자기 기억나지 않아요

노트 작성 중에 특정 마크다운을 쓰고 싶은데 어떻게 쓰는지 기억이 안 날 수 있습니다. 혹은 마크다운이 복잡해서 외우기 힘들 때도 있죠. 노트 작성 에디터에서 우클릭을 하면 마크다운을 선택해서 넣을 수 있는 메뉴가 뜹니다. 이 메뉴를 통해 각종 마크다운을 쉽게 삽입할 수 있습니다.

Add link
Add external link
Format
Paragraph
Insert
Cut

🔗 옵시디언의 노트 보기 방식 15

옵시디언에서는 노트를 다루는 몇 가지 보기 방식이 제공됩니다. 노트를 편집할 수 있는 모드인 프리뷰 모드live preview, 소스 모드source mode가 있으며 노트 편집이 불가능한 읽기 모드reading view가 있습니다. 프리뷰 모드와 소스 모드는 마크다운을 얼마나 직접적으로 다룰 것인지에 따라 사용 목적이 구분됩니다.

프리뷰 모드

프리뷰 모드는 편집 모드 중 하나로 기본 지정 모드입니다. 마크다운을 작성하는 중이거나 마크다운 적용 부분을 클릭하면 마크다운에서 쓰인 문자가 보이지만 선택에서 벗어나면 자동으로 서식이 적용된 노트를 볼 수 있습니다.

소스 모드

소스 모드도 편집 모드 중 하나입니다. 노트의 원본 마크다운 형식을 직접 편집할 수 있습니다. 소스 모드의 장점은 복잡한 마크다운 문법을 직접 확인할 수 있다는 점입니다. 그러나 가독성이 좋지 않아 특수한 상황을 제외하고는 쓰이지 않습니다.

소스 모드로 진입하려면 다음 그림처럼 노트 오른쪽 위의 메뉴 ⋮ 를 열고 [Source mode]를 클릭하면 됩니다. 명령어 팔레트에서 'Toggle Live Preview/Source mode' 명령을 실행해 프리뷰 모드에서 소스 모드로 변환할 수 있습니다.

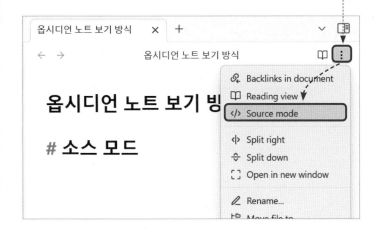

소스 모드와 프리뷰 모드 변환은 읽기 모드가 아닌 상태에서만 가능합니다.

읽기 모드

앞서 설명한 편집 모드와는 다르게 읽기 모드에서는 수정할 수가 없습니다. 따라서 실수로 노트를 수정할 걱정 없이 읽기에 집중하고 싶을 때 사용하면 좋습니다.

읽기 모드로 전환하려면 소스 모드와 마찬가지로 메뉴에서 **[Reading view]**를 클릭하세요.

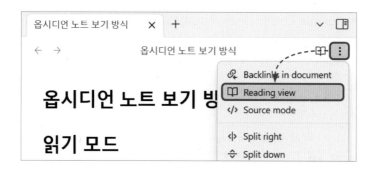

명령어 팔레트에서 'Toggle reading view'를 입력하거나 기본 단축키 [Cmd + E] [Ctrl + E] 를 눌러도 됩니다. 노트 오른쪽 위의 □ / ∥ 를 클릭해 읽기 모드와 편집 모드를 오갈 수도 있습니다. 책 모양 아이콘은 읽기 모드를, 펜 모양 아이콘은 편집 모드를 나타냅니다. 또한 [Cmd] [Ctrl] 과 함께 이 버튼을 누르면 모드가 변경되어 오른쪽에 새로운 탭으로 뜨기 때문에 두 모드를 동시에 보면서 작업할 때 편하게 사용할 수 있습니다.

⌒ 리마인드 노트

- 마크다운으로 복잡한 도구 없이 노트를 구조화하고 꾸밀 수 있습니다.
- 주로 사용하는 마크다운은 제복 마그나운 # 입니다.
- 마크다운이 기억나지 않으면 노트 에디터에서 우클릭하여 메뉴를 통해 쉽게 삽입할 수 있습니다.
- 옵시디언에서는 프리뷰 모드, 소스 모드, 읽기 모드가 있으며 기본적으로 프리뷰 모드가 적용되어 있습니다.

Chapter 04

옵시디언 기본 세팅하기

지금까지 본격적인 옵시디언 사용에 앞서 필수 지식을 익혔습니다. 이번에는 옵시디언 세팅 방법을 알아봅니다. 지금부터 옵시디언의 자유도가 드러나기 시작합니다.

🔗 첨부 파일 폴더 설정하기 `16`

노트에 이미지를 넣는다면?

옵시디언이 로컬에서 동작하기에 다른 노트 앱에서 볼 수 없는 특이한 특징이 있습니다. 이미지를 하나 클립보드로 복사해서 노트 본문 아무 곳에다 붙여넣겠습니다.

이를 통해 몇 가지 확인할 수 있습니다. 첫 번째로는 성공적으로 그림이 복사되네요. 즉, **옵시디언은 클립보드 복사를 지원합니다.**

두 번째, 문서에 생긴 ❶ ![[Pasted image 2023~.png]]라는 복잡한 텍스트는 뭘까요? 이는 내부 링크를 첨부한 겁니다. 과정을 간략하게 설명하면 다음과 같습니다.

1. 옵시디언으로 이미지를 복사하면 볼트에 이미지 파일이 생성됩니다.
2. 그 이미지 파일의 내부 링크를 노트에 첨부합니다. 내부 링크 첨부가 무엇인지는 추후 설명하겠습니다.
3. 내부 링크의 이미지가 화면에 그려집니다.

마지막으로 눈여겨볼 점은 ❷ 왼쪽 파일 목록에 생성된 이미지 파일입니다. 실제로 탐색기를 통해 볼트를 확인하면 이미지 파일이 생성되었을 겁니다. 즉, **옵시디언은 로컬에 실제 이미지 파일이 생성됩니다.** 이런 특징 때문에 사용한 이미지가 늘어나면 볼트의 최상위 폴더가 지저분해집니다.

▶ 바로 실습　**옵시디언 첨부 파일 정리하기**

지금부터 특정 폴더에 첨부 파일이 자동으로 들어가도록 설정할 겁니다. 눈에 거슬리는 첨부 파일들을 정리해봅시다.

01　먼저 첨부 파일이 들어갈 폴더를 만듭니다. 이름을 attachments라고 하겠습니다.

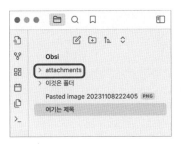

02 왼쪽 아래 ⚙ 아이콘을 클릭합니다. 옵시디언 설정을 하는 Settings은 앞으로 많이 이용할 곳입니다.

03 설정 창이 뜨고 왼쪽 메뉴가 Options와 Core plugins로 나뉘어 있습니다.

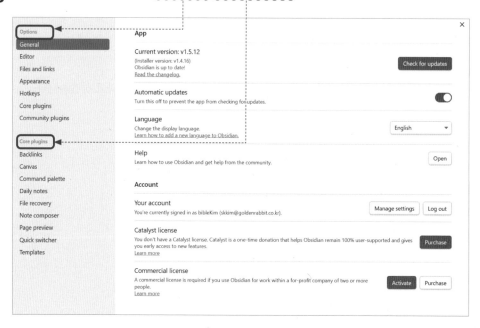

각 Options를 위부터 차례로 보겠습니다. '뭐가 이리 설정할 게 많아?'라고 압도당하지 말고 '와, 이런 것까지 설정할 수 있어?' 자유도를 느끼면서 가볍게 훑어보세요.

Mobile	모바일 버전 옵시디언에만 보이는 옵션입니다. 퀵 액션으로 어떤 명령을 실행할지 지정하거나 툴바에 들어갈 옵션과 순서를 설정합니다.
General	옵시디언 버전 업데이트, 언어 설정, 계정 연결 등을 할 수 있는 곳입니다.
Editor	노트를 작성하는 에디터를 설정하는 곳입니다. 특별한 일이 없는 이상 건드릴 일은 없을 겁니다. 개발자라면 여기서 빔^{vim} 에디터 사용을 설정할 수 있습니다.
Files & Links	볼트 내의 파일과 링크 설정을 하는 곳입니다. 옵시디언에서 파일을 삭제할 때의 처리 방법이나 새 노트 생성 시의 기본 위치를 지정할 수 있습니다. 지금 진행하는 첨부 파일이 어느 폴더에 생성될지에 대한 설정도 여기서 진행합니다.
Appearance	옵시디언의 외관을 설정하는 곳입니다. 테마를 지정하거나 CSS 스니펫으로 제목 마크다운의 색깔을 바꾸는 등 취향껏 옵시디언의 외관을 설정할 수 있습니다. 바로 다음 실습(테마 설정하기)에서 테마를 바꿔 볼 예정입니다.
Hotkeys	단축키를 설정하는 곳입니다. 기본 내장된 기능뿐만 아니라 각종 플러그인의 명령에 단축키를 할당할 수 있습니다.
Core plugins	옵시디언은 플러그인으로 기능을 확장할 수 있습니다. 옵시디언 개발팀이 만들어 기본으로 제공하는 플러그인을 코어 플러그인이라고 합니다. 코어 플러그인 설정을 하는 곳입니다.
Community plugins	유저들이 자체적으로 만든 플러그인을 커뮤니티 플러그인이라고 합니다. 커뮤니티 플러그인 설정을 하는 곳입니다.

04 Options 설명하는 샛길로 잠깐 샜습니다. 우리의 원래 목적은 첨부 파일의 위치를 변경하는 겁니다. 그러니 **[Files & Links]**를 선택합니다.

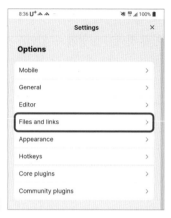

모바일 버전

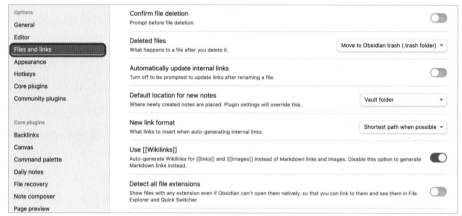

PC 버전

05 오른쪽에서 **[Default location for new attachments]**를 찾습니다. 기본적으로는 Vault folder라 지정되어 있을 겁니다. 첨부 파일 위치 설정이 Vault folder 였기에 앞서 복사한 이미지는 볼트 폴더에 생성된 겁니다. 이를 **[In the folder specified below]**로 바꿉니다.

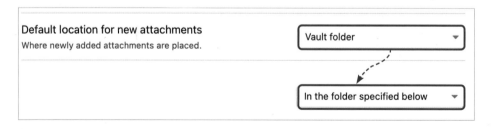

06 폴더를 바꾸면 아래 **[Attachment folder path]** 입력창이 생깁니다. 거기에 앞서 생성한 attachments 폴더를 입력합니다.

07 이제부터는 이미지를 클립보드에서 붙여넣으면 attachments 폴더에 들어갑니다. 참고로 이전에 붙여넣은 이미지는 자동으로 이동하지 않으니 필요하다면 직접 attachments 폴더로 옮겨주세요.

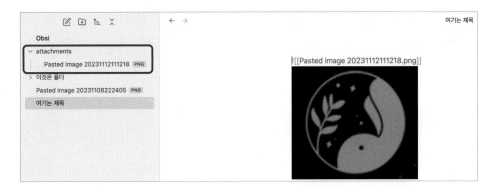

1분 꿀팁 ┃ 이미지 크기 조정하기

첨부한 이미지가 너무 작거나 혹은 너무 클 수도 있습니다. 드래그하여 이미지 크기를 조정하는 기능은 기본적으로 지원하지 않습니다. 대신 첨부 파일 이름 옆에 파이프 ┃ 기호를 쓰고 가로 픽셀의 크기를 써서 이미지 크기를 지정할 수 있습니다.

```
![[첨부 파일 이름|가로 픽셀]]
```

다음 그림에서는 앞에서 복사한 이미지의 가로 픽셀 크기를 100으로 지정했습니다. 원래 이미지의 가로가 100보다 컸어서 이미지가 축소되었네요.

이런 이미지 크기 변경은 커뮤니티 플러그인 'Mousewheel image zoom'을 이용해도 됩니다. 이 커뮤니티 플러그인은 마우스 휠로 이미지의 크기를 쉽게 변경할 수 있게 해줍니다.

🔗 테마 설정하기 17

이제 옵시디언을 더 예쁘게 만들겠습니다. 옵시디언은 다른 노트 앱과 달리 외관을 꾸밀 수 있는 자유도가 높습니다. 사람들이 다양한 테마를 만들어서 제공하기 때문입니다. 디자인에 관심이 있다면 직접 테마를 만들어서 공유할 수도 있습니다.

▶ 바로 실습　Things 테마 설치하고 적용하기

01　왼쪽 하단 ⚙ 를 클릭합니다.

02　왼쪽 Options에서 **[Appearance]**를 클릭합니다. 그 후 오른쪽 Themes의 **[Manage]** 버튼을 클릭합니다.

03 그러면 다양한 테마가 나옵니다. 마음에 드는 테마를 선택해보세요. 이 예시에서는 Things 테마를 선택하겠습니다.

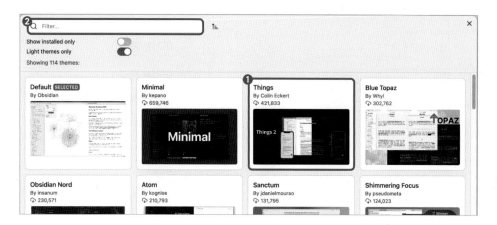

❶ Things는 별다른 설정 없이도 시인성이 좋아서 인기 있는 테마입니다. 만약 그림과 여러분의 화면이 다르면 ❷ 검색창에 직접 Things를 검색해서 찾아보세요.

04 Things를 눌러보면 테마 설명이 나옵니다. **[Install and use]** 버튼을 클릭하여 테마를 설치하고 적용해봅니다.

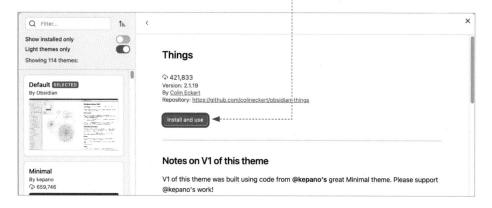

05 테마가 적용된 것을 확인합니다. 인터페이스가 조금 바뀌고 마크다운도 달라졌습니다.

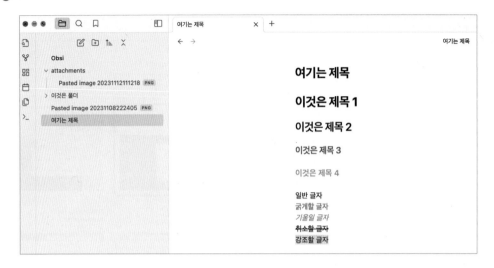

Things 테마는 다크 모드에서 기본 테마와의 차이가 더욱 두드러집니다. 다크모드 설정은 **[Settings → Appearance → Base color scheme]**에서 **[Dark]**를 클릭하면 됩니다.

⎧ 리마인드 노트

- 옵시디언에서는 복사한 이미지가 실제 이미지 파일로 생성됩니다. 생성되는 이미지 파일 위치를 옮기려면 첨부 파일 폴더를 지정하면 됩니다.
- 옵시디언에서는 다양한 테마를 설치할 수 있습니다.
- 이미지 크기를 조정하려면 이미지 파일 이름 옆에 파이프 | 기호와 가로 픽셀 크기를 입력하여 크기를 지정합니다(예 : !【【이미지 이름|100】】).

코어 플러그인 알아보기

옵시디언의 특징이자 장점 중 하나는 바로 다양하고 강력한 플러그인입니다. 플러그인을 통해 옵시디언에 다양한 기능을 추가할 수 있습니다. 만약 모든 플러그인을 비활성화하면 옵시디언은 단순한 메모장과 다를 바 없어집니다. 지금부터 옵시디언의 다양한 플러그인을 알아보겠습니다.

코어 플러그인이 무엇인가요?

옵시디언에서 기본 제공하는 플러그인을 코어 플러그인이라고 합니다. 코어 플러그인을 소개하고 일부는 바로 사용하겠습니다. 책에서 다양한 코어 플러그인의 사용법을 소개할 예정입니다. 코어 플러그인은 **[Settings → Core plugins]**에서 확인할 수 있습니다.

모든 코어 플러그인이 자신에게 필요한 것은 아닙니다. 플러그인이 필요 없다면 비활성화하는 편이 속도나 경험 측면에서 낫습니다. 각 코어 플러그인을 가볍게 설명하면서 유용한 플러그인에 추천 표시를 남겼습니다. 기본적으로 제공하는 다양한 기능을 맛보길 바랍니다. 만일 내용이 너무 많다면 필수와 추천 플러그인만 활성화하고 나머지는 비활성화하세요.

옵시디언의 코어 플러그인

Audio recorder

녹음을 하고 녹음된 음성 파일을 노트에 첨부하는 기능입니다. 옵시디언으로 회의록, 강의 내용을 작성할 때 유용합니다. 이 플러그인을 활성화하면 리본에 🎤 버튼이 생성됩니다. 이 버튼을 눌러 녹음을 시작하고, 다시 눌러 녹음을 종료합니다. 그럼 현재 노트에 음성파일이 첨부됩니다. 음성 파일 역시 이미지와 마찬가지로 첨부 파일로 취급합니다.

Backlinks
`추천`

현재 노트를 링크하는 노트 또는 현재 노트의 이름이 언급되었지만 링크되지 않은 노트를 보여주는 플러그인입니다.

🔗 'Chapter 07 노트에 링크로 정보 연결하기'에서 학습합니다.

Bookmarks
`추천`

즐겨찾기입니다. 자주 접근하는 노트를 북마크하고 접근할 수 있습니다. 왼쪽 사이드바의 🔖 아이콘을 누르면 사용할 수 있습니다.

Canvas
`추천`

노트를 배치하고 노트 간의 연결 관계를 표현하거나 그룹으로 묶는 등 시각화할 수 있습니다.

🔗 'Chapter 13 캔버스로 노트 시각화하기'에서 학습합니다.

Command palette
`필수`

옵시디언에 명령을 내릴 수 있는 명령어 팔레트를 활성화합니다. `⌘ Cmd + P` `⊞ Ctrl + P`로 명령어 팔레트를 열 수 있습니다. 앞에서 명령어 팔레트를 사용했던 것 기억하죠? 우리는 이 플러그인을 이미 사용했습니다.

Daily notes

일간 노트를 생성하는 기능입니다. 책에서는 이 기능 대신 커뮤니티 플러그인을 통해 일간 노트를 생성할 겁니다. 이 책의 내용을 그대로 따라 할 거라면 비활성화해주세요.

File recovery

정기적으로 그 시점의 데이터를 저장해 실수로 삭제하거나 수정한 파일을 복구할 수 있습니다. 마크다운 파일에만 적용됩니다. 기본 설정은 5분 간격으로 저장하며 7일 동안 보관합니다.

Files
`필수`

볼트 내의 파일과 폴더를 탐색하고 관리할 수 있는 파일 브라우저를 제공합니다. 이미 우리는 이 플러그인을 이용해서 폴더와 파일을 관리했습니다.

Format converter

다른 앱에서 복사해온 마크다운을 옵시디언에 맞는 형식으로 변환하는 플러그인입니다. 특정한 상황에서 볼트의 모든 파일에 적용되기에 특별한 경우가 아니라면 쓸 일이 없습니다. 비활성화해주세요.

Graph view
`추천`

노트 간 연결을 시각화하는 그래프 플러그인입니다. 옵시디언의 트레이드마크와 같은 플러그인입니다.

⊘ 'Chapter 09 그래프로 노트 연결 시각화하기'에서 학습합니다.

Note composer

두 노트를 병합하거나 혹은 현재 노트에서 선택한 내용을 다른 노트로 분리해 링크합니다.

Outgoing Links

현재 노트가 링크하는 노트를 보여주는 플러그인입니다. 앞의 Backlinks의 정반대 역할을 하는 플러그인이죠.

⊘ 'Chapter 07 노트에 링크로 정보 연결하기'에서 학습합니다.

Outline
`추천`

현재 노트의 제목을 개요 형태로 보여줍니다. 개요는 기본적으로 오른쪽 사이드바의 ≡ 로 볼 수 있습니다.

Page preview
`추천`

링크에 마우스를 올리면 해당 노트의 내용을 보여줍니다.

Properties view

볼트 내 모든 노트의 속성을 한눈에 볼 수 있습니다. 속성 기능을 많이 활용한다면 추천합니다. 오른쪽 사이드바의 ⊞ 로 볼 수 있습니다.

Publish
유료

노트의 내용을 웹에 게시할 수 있는 플러그인입니다.

🔗 'Chapter 21 퍼블리시로 디지털 가든 만들기'에서 학습합니다.

Quick switcher
필수

노트를 검색해 빠르게 열 수 있는 플러그인입니다. 기본 설정 단축키는 cmd + O Ctrl + O 입니다.

Random note

볼트에 있는 노트를 랜덤으로 엽니다. 과거에 작성한 노트를 통해 뜻하지 않은 영감을 발견하고 싶을 때 사용해볼 수 있습니다.

Search
필수

볼트 내의 파일을 검색하고 필요한 정보를 찾을 수 있습니다.

🔗 'Chapter 08 검색으로 원하는 노트 찾기'에서 학습합니다.

Slash commands

편집기에서 / 기호를 사용해서 명령을 사용할 수 있습니다. 명령어 팔레트를 또 다른 방식으로 실행하는 것과 같습니다.

Slides

프레젠테이션을 만들어주는 플러그인입니다. 프레젠테이션의 슬라이드 구분은 수평선 마크다운 --- 기호로 합니다. 바로 다음 실습에서 이 플러그인으로 프레젠테이션을 만들 겁니다.

Sync
유료 추천

옵시디언의 볼트를 여러 기기 간에 동기화해줍니다.

🔗 'Chapter 12 동기화로 어디서든 옵시디언 사용하기'에서 학습합니다.

Tags view

볼트 내의 모든 태그를 한눈에 볼 수 있습니다. 태그를 많이 활용한다면 추천합니다. 오른쪽 사이드바의 ◎ 로 볼 수 있습니다.

Templates

템플릿 기능입니다. 노트에 미리 정의된 내용을 삽입합니다.

🔗 'Chapter 11 속성으로 메타데이터 넣기'에서 학습합니다.

Unique note creator

고유한 시간 코드를 포함한 제목의 노트를 생성합니다. 특별한 일이 없는 이상 사용할 필요가 없을 겁니다. 비활성화를 추천합니다.

Word count **추천**	노트의 단어 수와 문자 수를 상태 창에 표시합니다. 옵시디언으로 글쓰기를 할 때 유용합니다.
Workspaces	워크스페이스의 현재 상태를 저장하거나 저장된 워크스페이스를 불러올 수 있습니다.

🔗 옵시디언으로 프레젠테이션 만들기 ⟨19⟩

코어 플러그인 중 하나인 슬라이드^{slides}로 프레젠테이션을 만들어보며 코어 플러그인에 익숙해져 보겠습니다. 옵시디언에 작성한 내용을 동료들에게 프레젠테이션 형식으로 공유할 때 유용합니다. 별다른 디자인을 안 하더라도 가독성이 좋은 프레젠테이션을 만들 수 있습니다. 큰 수고 없이도 일 잘하는 것처럼 보이게 만들어주는 가성비 좋은 기능입니다.

▶ 바로 실습 슬라이드로 프레젠테이션 만들기

01 [Settings → Core plugins]에 들어갑니다. 그리고 슬라이드 플러그인을 활성화합니다. 플러그인을 사용하기 위해서는 꼭 활성화를 해야 합니다.

02 프레젠테이션 노트를 작성합니다. 제목 마크다운과 리스트를 이용하면 깔끔하게 사용할 수 있습니다. 슬라이드 구분은 수평선 마크다운 --- 기호로 합니다.

03 `Cmd + P` `Ctrl + P` 로 명령어 팔레트를 실행합니다. 'Slide: Start presentation'을 입력해 선택합니다.

04 이제 내 노트로 프레젠테이션을 할 수 있습니다. 화면 아래에 있는 화살표 버튼이나 키보드의 방향키로 슬라이드를 이동할 수 있습니다.

옵시디언 소개

옵시디언은 무엇을 하는 앱일까요?
- 노트를 작성합니다
- 노트를 통해 생각을 정리하고 확장합니다.

마크다운 소개

마크다운은 뭘까요?
- 기호를 통해 쉽게 문서를 꾸미게 도와주는 도구입니다
- # 을 통해서 제목을 쓸 수 있습니다.

#을 제목이 아닌 일반 텍스트로 작성하고 싶어요

예제의 두 번째 슬라이드에 '#을 통해서 제목을 쓸 수 있습니다.'라는 문장이 보입니다. 이 문장을 그대로 입력하면 #이 제목 마크다운으로 인식될 겁니다. #을 일반 텍스트로 입력하려면 앞에 마크다운이 아니라는 표시로 **이스케이프 문자**를 붙여야 합니다. \를 # 앞에 붙이면 # 기호가 일반 텍스트로 인식됩니다.

\#을 통해서 제목을 쓸 수 있습니다.

#을 그냥 쓰면 이렇게 태그가 됩니다.

#을 통해서 제목을 쓸 수 있습니다.
#을 그냥 쓰면 이렇게 태그가 됩니다.

이스케이프 문자를 사용해야 하는 또 다른 예시를 보겠습니다. 이번에는 텍스트 **를 그냥 입력하고 싶습니다. 이를 그대로 입력하면 마크다운에서 텍스트를 굵게 하는 것으로 인식됩니다. 각 * 왼쪽에 \를 붙이면 **를 표시할 수 있습니다.

** 역슬래시를 붙였습니다.

**그냥 쓰면 이렇게 강조가 됩니다

** 역슬래시를 붙였습니다.
그냥 쓰면 이렇게 강조가 됩니다

⌒ 리마인드 노트

- 옵시디언에서 기본 제공하는 플러그인을 '코어 플러그인'이라 합니다.
- 사용하는 플러그인을 제외하고는 모두 비활성화하는 것이 좋습니다.
- 추천 코어 플러그인사용법만큼은 익숙해지기를 권합니다.

Chapter 06

커뮤니티 플러그인 알아보기

이번에는 옵시디언으로 일간, 주간, 월간, 연간 계획을 세울 수 있게 다이어리를 만들 겁니다. 그리고 오늘, 이번 주, 이번 달, 이번 연도 노트로 빠르게 이동할 수 있게 단축키를 설정하겠습니다. 커뮤니티 플러그인과 사용자 단축키를 활용하면서 옵시디언 자유도의 매력을 느껴보세요.

커뮤니티 플러그인은 꼭 필요한 것만! 20

커뮤니티 플러그인은 코어 플러그인과 달리 옵시디언에서 공식적으로 개발한 것이 아닙니다. 개발자들이 필요하다고 생각하는 플러그인을 만들어서 공유한 것이죠. 따라서 일부 커뮤니티 플러그인은 옵시디언 버전 업데이트가 일어나면 문제를 일으키기도 합니다. 또한 커뮤니티 플러그인이 많아지면 성능이 떨어져 옵시디언의 장점인 빠른 속도가 퇴색됩니다. 옵시디언을 처음 사용할 때는 재밌는 커뮤니티 플러그인이 많이 보여 여러 개 설치하기도 합니다. **하지만 반드시 필요한 커뮤니티 플러그인만 사용하기를 추천합니다.**

저는 현재 커뮤니티 플러그인을 8개 사용하고 있습니다. 제가 사용하는 것들을 참고용으로 나열하겠습니다. 사람마다 필요한 플러그인이 다르겠지만 저는 2년 넘게 옵시디언을 사용하면서 이 정도로 충분했습니다. 커뮤니티 플러그인 말고 옵시디언에서 기본으로 제공하는 기능도 훌륭하기 때문입니다.

- **Calendar** : 일간, 주간 노트로 쉽게 이동할 수 있는 커뮤니티 플러그인입니다.
- **Periodic Notes** : 일간, 주간, 월간, 연간 노트를 만들고 이동할 수 있는 커뮤니티 플러그인입니다.
- **Dataview** : 데이터 조회를 위한 커뮤니티 플러그인입니다.
- **Excalidraw** : 다이어그램을 그릴 수 있는 커뮤니티 플러그인입니다.
- **Readwise Official** : Readwise라는 유료 서비스랑 연동되는 플러그인입니다. 인터넷에서 저장한 글이나 PDF의 하이라이트를 옵시디언으로 갖고 옵니다.
- **Smart Connections** : AI를 사용해 관련된 노트를 찾아주는 커뮤니티 플러그인입니다.
- **Style Settings** : CSS 파일을 인터페이스로 쉽게 조작하는 커뮤니티 플러그인입니다.
- **Copy Block Link** : 제목 또는 블록 링크를 쉽게 만들 수 있는 커뮤니티 플러그인입니다.

🔗 옵시디언으로 일정 관리하고 기록하기 21

커뮤니티 플러그인의 설치, 사용 방법을 익힐 겸 옵시디언으로 나만의 다이어리를 만들어보겠습니다. 일정을 관리하고 그날 있었던 일이나 감상을 기록하는 것은 사람들이 옵시디언을 사용하는 중요한 목적 중 하나입니다. Calendar와 Periodic Notes, 두 가지 커뮤니티 플러그인을 사용하면 클릭 몇 번으로 일상을 쉽고 빠르게 정리할 수 있습니다. 다음 과정을 차근차근 따라 해봅시다.

▶ 바로 실습 Calendar로 일정 관리하기

Calendar는 일간, 주간 노트로 쉽게 이동할 수 있는 커뮤니티 플러그인입니다. Calendar를 이용하면 과거에 작성했던 일간 노트에 쉽게 접근하거나, 미래 특정 날짜에 있는 노트를 만들 수 있습니다. 시작해볼까요?

01 설정의 **[Community plugins]**로 진입합니다. 커뮤니티 플러그인을 처음 이용한다면, 다음 그림과 같이 커뮤니티 플러그인 주의 사항이 뜹니다. 커뮤니티 플러그인은 옵시디언에서 공식적으로 제공하지 않기 때문에 데이터 무결성이나 보안 측면에서 문제가 생길 수 있다는 경고입니다. **[Turn on community plugins]** 버튼을 누릅니다.

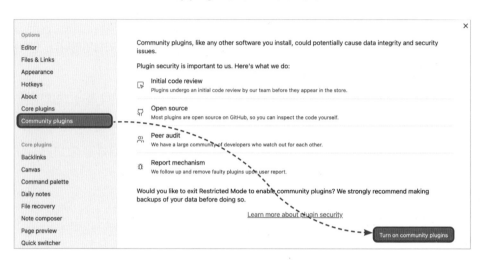

02 **[Browse]** 버튼을 선택해 커뮤니티 플러그인 목록에 진입합니다.

03 커뮤니티 플러그인을 쭉 확인할 수 있습니다. 기본적으로 다운로드 횟수가 많은 순으로 커뮤니티 플러그인이 나열되어 있습니다. 여기서 Liam Cain이 개발한 Calendar를 찾아 클릭합니다. 플러그인을 찾기 어렵다면 다음과 같이 검색 기능을 활용하여 찾을 수 있습니다.

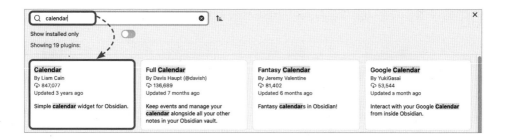

04 플러그인의 설명과 함께 [Install] 버튼이 보입니다. 누르면 설치가 시작됩니다.

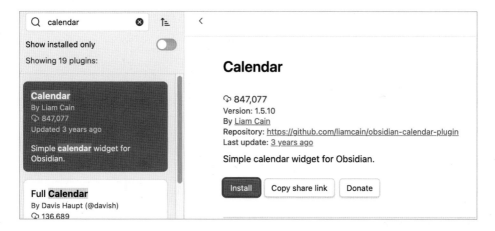

05 설치가 끝났다면 [Enable] 버튼을 눌러서 활성화합니다. 활성화되면 [Options], [Hotkeys] 등의 버튼으로 바뀔 겁니다.

06 설정 창을 닫습니다. 오른쪽 사이드바에서 📅 을 클릭해 달력을 엽니다.

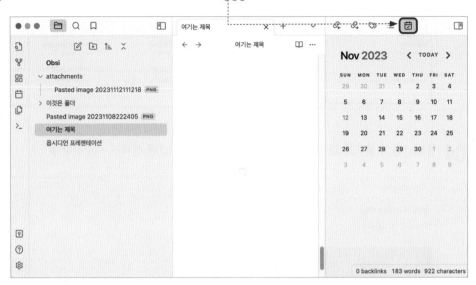

오른쪽 위의 달력 아이콘이 보이지 않으면 ▣ 아이콘을 클릭하여 오른쪽 사이드바를 먼저 여세요.

07 달력의 날짜를 누르면 노트를 만들 건지 묻는 창이 뜹니다. [Create] 버튼을 누르면 해당 날짜의 노트를 만들 수 있습니다. 이렇게 일별 노트를 만들 수 있게 되었습니다.

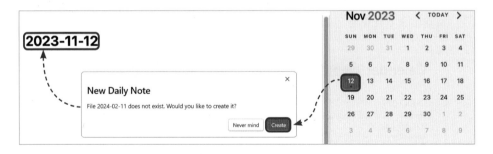

08 주간 노트도 달력을 통해 만들려면, 설정의 Community plugins에 있는 **[Calendar]**를 선택합니다. 그 후, **[Show week number]**를 활성화합니다.

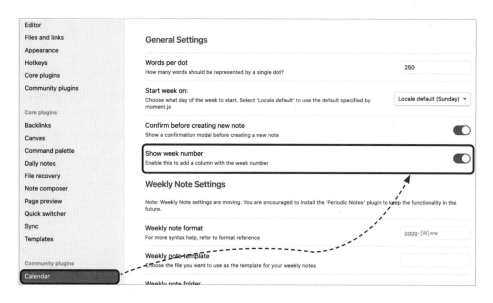

09 설정창에서 빠져나오면 달력에 주차가 표시됩니다. 이를 클릭해 주간 노트를 만들 수 있습니다.

▶ 바로 실습　Periodic Notes로 다이어리 만들기

Calendar 플러그인으로 일간, 주간 노트를 생성했습니다. 그런데 이를 넘어서 월간, 연간 노트를 만들고 싶다면 어떡하죠? 또한 일간, 주간, 월간, 연간 노트끼리 쉽게 이동하고 싶으면 어떻게 해야 할까요? 이를 가능하게 하는 것이 Periodic Notes 플러그인입니다.

01 일간, 주간, 월간, 연간 폴더를 각각 만들어봅니다. 각 폴더에 숫자로 순서를 매겨줍니다.

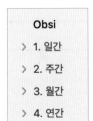

옵시디언의 파일들은 기본적으로 이름순 정렬됩니다. 임의로 순서를 지정할 수는 없습니다. 따라서 폴더 앞에 번호를 지정하면 원하는 순서로 배치할 수 있습니다.

02 커뮤니티 플러그인에서 Periodic Notes를 검색해 설치합니다. Calendar와 마찬가지로 Liam Cain이 개발한 플러그인입니다. 플러그인 설치 후 **[Enable]** 버튼까지 눌러야 한다는 것을 잊지 마세요!

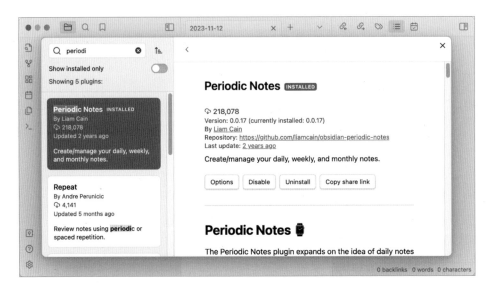

03 다시 설정으로 들어갑니다. 왼쪽 아래 Community plugins에 **[Periodic Notes]**가 생겼습니다. **[Periodic Notes]**를 클릭한 후 Daily Notes, Weekly Notes, Monthly Notes, Yearly Notes를 모두 활성화합니다. 우리의 목표는 일간, 주간, 월간, 연간 노트를 작성할 수 있는 다이어리를 만드는 겁니다.

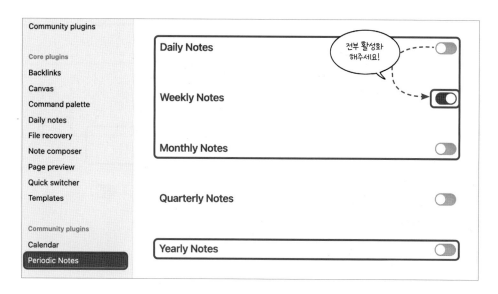

04 각 노트의 **[Note Folder]**에 해당하는 폴더의 이름을 지정합니다. 예컨대, Daily Notes의 **[Note Folder]**에는 앞서 만든 '1. 일간'을 적습니다. 다이어리 노트들이 생성되는 위치를 지정하는 곳입니다. 그 후 설정에서 나옵니다.

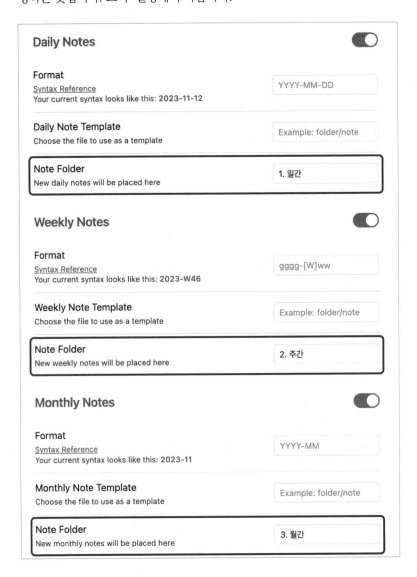

 **Note Template과 Format은 뭔가요?**

다이어리 노트가 저장되는 'Note Folder' 설정 말고도 'Note Template'과 'Format'을 설정할 수 있습니다.

Note Template에는 각 다이어리 노트의 템플릿이 들어갑니다. 매일 또는 주기적으로 기록해야 할 내용이 있다면 Note Template에서 문서 양식을 미리 지정해둘 수 있습니다.

Format은 각 다이어리 노트를 어떤 이름으로 저장할지 지정할 수 있습니다. Format은 Moment.js의 시간 형식을 따릅니다. Moment.js는 시간을 다루는 자바스크립트 라이브러리입니다. 여기서는 다이어리 노트에서 사용할 법한 형식만 보겠습니다. 각 일간, 주간, 월간, 연간 노트를 한글 제목으로 바꾸고 싶다면 Format을 다음과 같이 설정하면 됩니다.

일간 : YYYY년 MM월 DD일

주간 : YYYY년 W주

월간 : YYYY년 MM월

연간 : YYYY년

Moment.js의 시간 포맷에 대해 더 자세히 알고 싶다면 공식 문서(momentjs.com/docs/)를 참고하세요.

05 오늘 시점의 일간, 주간, 월간, 연간 노트를 각 폴더에 생성해봅시다. Cmd + P Ctrl + P 로 명령어 팔레트를 열고 명령어를 입력합니다.

```
periodic Notes|

Periodic Notes: Open daily note
Periodic Notes: Open weekly note
Periodic Notes: Open yearly note
Periodic Notes: Open monthly note

↑↓ to navigate   ↵ to use   esc to dismiss
```

노트가 없으면 오늘 기준 새 노트를 생성하고, 노트가 있다면 해당하는 노트로 이동하는 명령어입니다. 다음 명령어를 차례로 입력하세요.

- Periodic Notes : Open daily note : 오늘 기준 일간 노트로 이동합니다.
- Periodic Notes : Open weekly note : 오늘 기준 주간 노트로 이동합니다.
- Periodic Notes : Open monthly note : 오늘 기준 월간 노트로 이동합니다.
- Periodic Notes : Open yearly note : 오늘 기준 연간 노트로 이동합니다.

06 다음과 같이 파일이 생성되었습니다.

Calendar와 Periodic Notes 두 플러그인은 개발자가 같아서 서로 연동이 됩니다. Calendar를 통해 오늘 날짜나 이번 주의 노트를 생성하면 Periodic Notes에서 지정한 폴더로 노트가 생성됩니다.

🔗 단축키로 더 빠르게 옵시디언 사용하기 22

이제 일간, 주간, 월간, 연간 노트를 만들고 이동할 수 있게 되었습니다. 옵시디언이 훌륭한 다이어리가 되었네요! 그런데 일간, 주간, 월간, 연간 노트 사이를 이동할 때 매번 명령어 팔레트를 이용하려니 불편합니다. 각 노트를 단축키로 이동하면 훨씬 편하고 계획을 잘 세울 수 있을 것 같네요. 옵시디언에서는 명령어 팔레트에 있는 모든 명령어에 단축키를 지정할 수 있습니다.

🖱 바로 실습 노트 이동 기능 단축키로 지정하기

01 [Settings → Hotkeys]로 들어갑니다. 그 후 ❶ 검색창에 Periodic Notes를 입력하면 앞에서 우리가 실행한 명령어들이 보일 겁니다. ❷ 해당 명령어 오른쪽에 있는 ⊕ 버튼을 누르면 단축키를 설정할 수 있습니다.

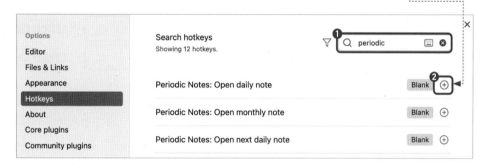

02 이 예시에서는 일간, 주간, 월간, 연간 노트에 각각 단축키를 지정하겠습니다. ⊕ 버튼을 누른 후에 키보드에서 단축키로 할당할 키를 다음과 같이 눌러주세요.

03 설정을 나와서 앞서 지정한 단축키로 이동해봅시다. 편하고 빠르게 오늘 날짜 기준의 노트로 이동할 수 있게 되었네요.

📎 리마인드 노트

- 옵시디언 사용자들이 개발한 플러그인을 '커뮤니티 플러그인'이라고 합니다.
- 사용하지 않는 플러그인은 모두 비활성화하거나 삭제하는 것이 좋습니다. 옵시디언 버전 업데이트 시 작동하지 않을 수 있습니다.
- 명령어 팔레트에 있는 명령은 원하는 단축키로 지정할 수 있습니다.

art

02

연결과 확장,
옵시디언 핵심 기능
활용하기

학습목표

고급 기능을 활용해 취향에 맞게 옵시디언을 사용하는 방법을 알아보겠습니다. 또한 기기 간 동기화 방법도 소개합니다. 내용이 복잡하고 구체적이어서 당장 필요하지 않으면 '이런 게 있구나' 정도로만 인지하고 과감히 건너뛰는 것도 좋은 방법입니다. 옵시디언의 모든 기능을 활용하는 것보다는 실제로 노트를 작성하고 자료를 잘 관리하는 것이 더 중요합니다. 옵시디언을 사용하면서 '이 기능이 필요한 것 같다'는 생각이 들면 그때 해당 부분을 읽어보는 것도 괜찮습니다.

핵심 키워드

#링크 #그래프 #속성 #템플릿 #동기화 #캔버스 #다이어그램

(Chapter 07)

노트에 링크로 정보 연결하기

옵시디언의 큰 특징은 '연결'입니다. 링크를 이용하면 노트와 노트를, 또는 노트와 옵시디언 바깥 자료를 연결할 수 있습니다. 이렇게 자유로운 연결을 잘 활용하면 정보를 체계화하고 지식을 확장 하는 데 도움이 됩니다.

🔗 노트에 외부, 내부 링크 연결하기 23

모든 기능에 익숙해지기는 어려워도 이번에 소개할 내부 링크만큼은 익숙해질 것을 권합니다. 자 주 사용할 뿐더러, 옵시디언의 가장 강력한 특징인 '연결'을 위한 기능입니다.

▶ 바로 실습 내부 링크로 노트 연결하기

내부 링크internal links는 볼트 안에 있는 노트의 연결을 만들 때 사용합니다. 다음과 같이 [ ]를 두 겹 으로 쓰고 연결하고 싶은 노트의 제목을 적습니다.

[[링크할 노트의 제목]]   링크할 노트의 제목

내부 링크를 만드는 방법, 내부 링크의 특징 등을 직접 따라 해보면서 이해해봅시다.

01 [[을 입력하면 볼트 내부 노트의 제목을 검색할 수 있는 검색창이 열립니다.

바로 아래 검색된 노트를 선택하려면 **Tab** 을 누르거나 혹은 방향키로 노트를 선택하고 **Enter** 를 눌러 노트 제목을 바로 완성할 수 있습니다.

02 ** Cmd** ** Ctrl** 을 누른 상태에서 내부 링크에 마우스를 올리면 노트 내용을 미리 볼 수 있습니다. 클릭하면 해당 노트로 이동합니다.

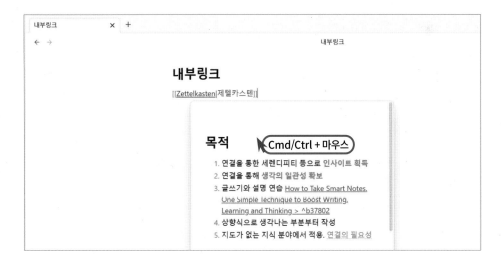

03 내부 링크는 존재하지 않는 노트의 제목으로도 작성할 수 있습니다. 이때 <kbd>⌘ Cmd</kbd> <kbd>⊞ Ctrl</kbd> 을 누른 상태에서 링크를 클릭하면 링크를 제목으로 노트가 생성됩니다.

04 내부 링크한 노트의 실제 이름과 다르게 노트의 링크를 표시하고 싶다면 별칭aliases으로 내부 링크에 표시되는 제목을 바꿔보세요. 그림의 크기를 바꿀 때처럼 |를 입력한 후 표기할 이름 을 작성하면 됩니다.

[[링크할 노트의 제목|다르게 보일 제목]] 다르게 보일 제목

제목이 너무 길어서 요약이 필요하거나 문맥에 맞게 노트 제목을 재구성해서 가독성을 높이 고 싶을 때 사용하면 좋겠죠?

▶ 바로 실습 외부 링크 연결하기

외부 링크external links는 볼트 외부에 있는 리소스나 웹사이트로 연결하는 하이퍼링크입니다. [ ] 기 호 안에 표시될 제목을 작성한 후 ( )에 실제 링크를 입력하면 됩니다.

[골든래빗](https://goldenrabbit.co.kr/) 골든래빗 ↗

🔗 링크 내용 첨부하기 24

내부 링크나 외부 링크 앞에 !를 붙이면 해당 링크의 제목뿐만 아니라 내용이 함께 첨부됩니다. 이를 통해 볼트 내의 파일 또는 외부 리소스 내용을 노트 안에서 볼 수 있습니다. 링크 첨부는 옵시디언에서 지원하는 파일 포맷이어야 합니다. 즉, 마크다운 노트, 이미지, 오디오, 비디오, PDF를 첨부할 수 있습니다.

▶ 바로 실습 내부 링크 내용 첨부하기

노트에 이미지를 복사, 붙여넣기 하면 다음과 같이 표시되었던 것을 기억하나요?

![[Pasted image 20231112111218.png]]◄┈┈┈┈┐

이제 우리는 '![[Pasted image~]]'의 의미를 알게 되었습니다. 이미지를 복사하면 볼트 내에 이미지 파일이 생성되고 그 파일의 내부 링크를 노트에 첨부해 이미지가 보여지는 겁니다.

```
![[볼트 내부 파일 이름]]
```

이미지와 노트뿐만 아니라 옵시디언에서 지원하는 오디오와 PDF 파일도 첨부할 수 있습니다. 특히 PDF 파일은 #page를 파일 이름 뒤에 붙여서 몇 번째 페이지를 기본으로 보여줄지 설정할 수 있습니다. 다음은 PDF 파일의 4페이지를 첨부할 때의 코드 예입니다.

```
![[pdf 파일 이름#page=4]]
```

외부 링크 내용 첨부하기

외부 링크 첨부는 주로 웹에 있는 이미지 주소를 붙여넣을 때 사용합니다. [ ] 안에는 외부 링크로
이미지를 찾지 못했을 때, 즉 이미지가 깨졌을 때 표시할 텍스트를 입력합니다.

![외부 링크로 못 찾을 때에 표시할 텍스트](외부 링크)

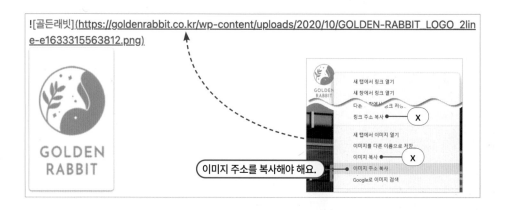

이미지 주소를 링크해 첨부하면 이미지 파일을 볼트에 저장하지 않고 노트에 표시할 수 있습니다.
볼트의 용량을 아낄 수 있는 방식입니다. 하지만 인터넷이 연결되지 않거나 원본 링크가 변경되면
이미지를 더 이상 쓸 수 없다는 점을 유의하세요.

또한 유튜브 영상이나 엑스 게시물을 외부 링크 첨부하면 옵시디언이 자동으로 알맞은 형식을 적
용합니다. 유튜브 영상을 외부 링크로 첨부하면 노트에서 바로 재생할 수 있는 플레이어가 표시됩
니다. 엑스 게시물도 마찬가지로 링크만 외부 링크 첨부하면 해당 트윗의 내용과 이미지가 표현됩
니다. 단, 엑스 링크는 전 이름인 트위터 도메인, twitter.com을 사용해야 합니다. 현재는 x.com
도메인을 지원하지 않습니다.

🔗 노트에 태그 붙이기 25

대다수 노트 앱에서 지원하는 태그tags 기능입니다. 태그를 잘 활용하면 노트 분류나 검색이 수월해집니다.

▶ 바로 실습 **태그 입력하기**

노트에서 태그를 붙이고 싶은 부분에 #을 쓰고 태그를 입력하면 됩니다. # 입력 후 띄어쓰기를 하면 제목 마크다운으로 인식되니 주의하세요.

연리단길 맛집 목록

#음식 #맛집

연리단길 맛집 목록

#음식 #맛집

상위 태그가 하위 태그를 포함하는 계층 구조를 넣을 수도 있습니다. 계층을 표현할 때는 /를 사용합니다. 예를 들어서 '음식' 태그 아래에 '이탈리안'이라는 태그를 넣고 싶다면 다음과 같이 입력하면 됩니다.

맛있는 뽀모도로 #음식/이탈리안   맛있는 뽀모도로 #음식/이탈리안

바로 실습 **태그 뷰로 태그 확인하기**

코어 플러그인 태그 뷰tags view를 사용하면 볼트 내 태그들을 확인할 수 있습니다. 코어 플러그인에서 태그 뷰를 활성화하고 오른쪽 사이드바 위의 ◎ 를 선택하세요.

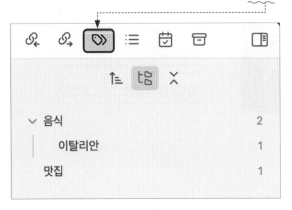

볼트 내 태그의 계층 구조와 목록을 확인할 수 있습니다. 각각의 태그를 누르면 해당 태그가 붙은 노트가 검색됩니다.

> 🪄 **TIP** 태그 이름을 변경하여 모든 노트에 일괄 적용하기 등 태그 관련 고급 기능을 사용하려면 커뮤니티 플러그인 'Tag Wrangler'를 추천합니다.

🔗 앵커 링크로 다른 노트 안의 제목 가져오기 26

앞서 말한 연결은 모두 파일 단위의 연결이었습니다. 그런데 노트에서 다른 노트 안의 특정 제목을 가져와 연결하고 싶을 수 있습니다. 그럴 때 사용하는 것이 앵커 링크anchor links입니다.

바로 실습 **앵커 링크로 노트 제목 연결하기**

다른 노트의 특정 제목을 링크하고 싶을 때 다음과 같이 #을 사용해 앵커 링크를 만들면 됩니다.

```
[[링크 할 노트의 제목#노트 안 특정 제목]]
```

예를 들어 'PARA 방법'이라는 노트에 'Project'와 'Area'가 제목으로 적혀 있다고 합시다. 여러분의 노트와 제목이 있다면 그것으로 따라 해보세요.

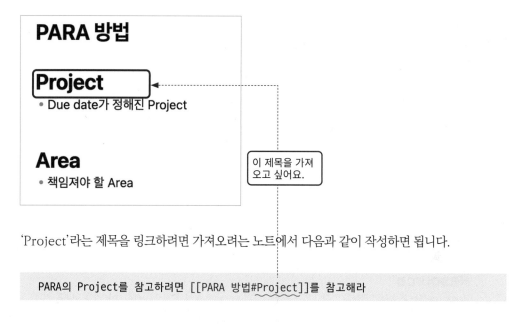

'Project'라는 제목을 링크하려면 가져오려는 노트에서 다음과 같이 작성하면 됩니다.

```
PARA의 Project를 참고하려면 [[PARA 방법#Project]]를 참고해라
```

그러면 다음과 같이 노트의 제목을 링크할 수 있습니다.

노트 작성 방법론들

PARA의 Project를 참고하려면 <u>PARA 방법#Project</u>를 참고해라

🔗 블록 링크로 다른 노트의 내용 가져오기 27

블록은 텍스트의 구분 단위입니다. 블록은 문단 또는 리스트 단위로 구성됩니다. 노트 내의 제목보다 더 자세한 단위인 블록도 연결할 수 있습니다. 앵커 링크는 노트 제목에 #을 붙여서 링크했다면 블록 링크는 다음과 같이 #^을 붙이고 블록 id를 적습니다.

```
[[링크 할 노트의 제목#^블록 id]]
```

블록 id를 생성하는 방법에는 수동과 자동, 두 가지 방법이 있습니다.

바로 실습   **수동으로 블록 id 생성하기**

수동으로 블록 id를 생성하려면 먼저 텍스트 블록의 마지막에서 띄어쓰기를 한 후 ^를 쓴 다음에 블록 id를 작성하면 됩니다. 블록 id는 영어, 숫자, 대시 - 기호만 사용할 수 있습니다.

```
{텍스트 블록} ^block-id
```

직접 실습해봅시다. 예제를 따라서 여러분의 블록에 아이디를 만들고 연결해보세요.

01 예제에서는 'para-resource' 이름으로 블록 id를 생성하겠습니다. 블록 id는 일반 텍스트랑 다르게 위 첨자 텍스트로 표시됩니다.

> ## Resource
> Resource에는 지속적인 관심을 가지고 있는 주제나 테마에는 습관 형성, 프로젝트 관리, 트랜스휴머니즘, 커피, 음악, 정원 가꾸기, SEO 등이 포함됩니다. `^para-resource`

02 블록 링크 방법대로 #^을 붙여 생성한 블록 id를 연결합니다.

> PARA의 Resource를 참고하려면 [[PARA 방법#^para-resource]]를 참고해라

바로 실습   **자동으로 블록 id 생성하기**

매번 수동으로 블록 id를 생성하려니 귀찮기도 합니다. 그래서 검색을 통해 텍스트 블록을 지정하면 자동으로 블록 id를 생성하는 기능도 있습니다. 이번 예시에서는 'PARA 방법' 노트에 있는 '아카이브 관련 텍스트 블록'을 연결할 겁니다.

> ## Archive
> 아카이브는 다른 세 가지 범주에서 더 이상 활동하지 않는 항목들을 의미합니다. 이는 완료되었거나 비활성화된 항목들을 포함합니다.

01 내부 링크를 사용해 연결할 노트의 제목을 입력합니다. 그 후 ^를 입력하면 다음 그림과 같이 연결된 노트의 텍스트가 블록 단위로 목록에 뜹니다.

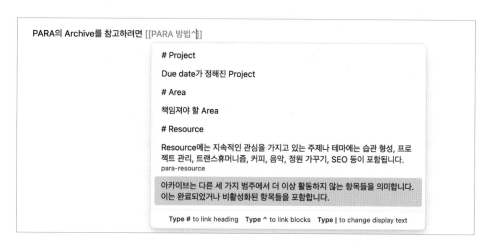

02 목록 상태에서 바로 링크하려는 블록의 텍스트를 입력하면 블록을 검색할 수 있습니다. 원하는 블록을 선택하면 자동으로 그 블록에 임의의 블록 id가 지정됩니다.

PARA의 Archive를 참고하려면 <u>PARA 방법#^d20759</u>를 참고해라

03 그러면 다음과 같이 원래의 'PARA 방법' 노트에도 해당 블록 id가 자동으로 생성된 것을 확인할 수 있습니다.

아카이브는 다른 세 가지 범주에서 더 이상 활동하지 않는 항목들을 의미합니다. 이는 완료되었거나 비활성화된 항목들을 포함합니다. ^d20759

💡 **TIP** 앵커, 블록 링크를 더 쉽게 복사하고 싶다면 커뮤니티 플러그인인 'Copy Block Link'를 추천합니다. 복사하려는 제목이나 블록을 우클릭해서 copy link to block, copy link to heading 옵션을 통해 쉽게 앵커, 블록 링크를 복사할 수 있습니다.

🔗 백 링크와 아웃 링크로 연결된 노트 탐색하기 28

내부 링크로 노트를 연결했는데 연결한 노트 목록은 어떻게 볼 수 있을까요? 또 현재 노트로 연결한 노트는 어떤 것이 있을까요? 코어 플러그인 백 링크backlinks와 아웃 링크outgoing links로 연결된 노트를 탐색할 수 있습니다. 이 플러그인은 기본적으로 활성화되어 있기에 따로 설정을 안 해도 사용할 수 있습니다.

🖐 바로 실습 아웃 링크로 현재 노트가 링크하는 노트 탐색하기

먼저 현재 노트가 링크를 걸고 있는 노트의 목록을 보겠습니다. 노트가 링크하는 노트만 모아서 목록을 보려면 아웃 링크 플러그인을 사용하면 됩니다. 설정에서는 Outgoing links라고 표시됩니다. 현재 보고 있는 노트에서 링크가 바깥으로 향하고 있으니 Outgoing이라 생각하면 됩니다. 오른쪽 사이드바에 있는 🔗를 선택하면 현재 노트가 링크하는 노트의 목록을 확인할 수 있습니다.

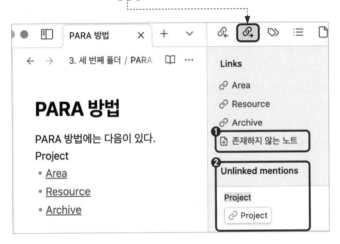

❶ 볼트에 없는 노트가 표현됩니다. 링크했던 노트가 삭제되었거나 만들지 않았는지 확인할 때 유용합니다.

❷ Unlinked mentions는 현재 노트에 명시적인 링크가 없으나 관련이 있을 수 있는 노트를 보여줍니다. 다른 노트의 이름을 내용에 언급했는데 링크로는 걸지 않았다면 이렇게 제안이 뜹니다. 'Project'라는 노트가 볼트 내에 있고 현재 노트에서도 언급했지만 링크가 없어서 Unlinked mentions에서 언급되었습니다.

백 링크로 현재 노트를 링크하는 노트 탐색하기

현재 노트를 링크하는 노트 목록을 봐야 할 때도 있습니다. 이러한 노트를 백 링크라고 표현합니다. 백 링크를 보려면 오른쪽 사이드바에서 ✍ 를 선택합니다. 그러면 현재 노트를 링크하는 노트의 목록이 표현됩니다.

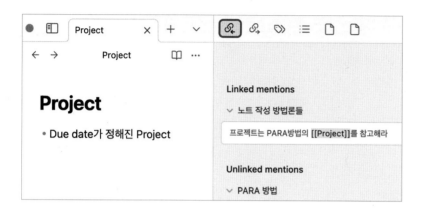

아웃 링크와 마찬가지로 Unlinked mentions를 확인할 수 있습니다. 다른 노트에서 현재 노트를 언급했는데 명시적인 링크가 없을 때 보여줍니다.

📎 **리마인드 노트**

- 내부 링크와 외부 링크를 이용해 노트나 외부 자료를 연결할 수 있습니다.
- 태그를 활용하여 노트의 특징을 나타낼 수 있습니다.
- 앵커 링크와 블록 링크를 사용해 노트 내의 특정 내용을 연결할 수 있습니다.

검색으로 원하는 노트 찾기

노트를 검색하고 탐색하는 다양한 방법을 알아봅니다. 노트를 작성하는 것도 중요하지만 검색해서 필요한 노트나 연결된 노트를 찾는 일도 중요합니다. 옵시디언의 검색 플러그인은 볼트의 파일을 찾게 도와줍니다. 설정에서는 Search로 표시됩니다. 기본적으로 활성화되어 있는 플러그인입니다.

🔗 노트 검색하기 29

▶ 바로 실습 노트 검색하고 옵션 살펴보기

01 Search를 이용하려면 왼쪽 사이드바에서 Q 버튼을 클릭합니다. 기본 단축키는 ⌘ Cmd + Shift + F ⊞ Ctrl + Shift + F 입니다.

02 Search에 들어가면 이렇게 검색어 옵션이 뜹니다. 아래에는 History 항목이 있어 최근에 검색한 내용도 표시됩니다. 이전 검색 이력이 없으면 History 항목은 보이지 않습니다.

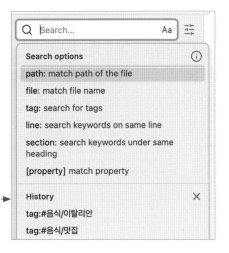

03 텍스트를 입력하면 텍스트가 포함된 노트 제목과 내용을 검색합니다. 텍스트 입력 후 엔터를 칠 필요 없이 그 즉시 볼트 전체에서 노트를 검색합니다. 다음 그림은 '노트'로 검색한 예입니다.

몇 가지 옵션으로 검색 옵션이나 표현 방식을 바꿀 수 있습니다.

❶을 활성화하면 영어 대소문자를 정확하게 검색할 건지 체크할 수 있습니다. 기본적으로 비활성화되어 있으며 대소문자를 구분하지 않고 검색합니다.

❷를 눌러서 검색 결과의 옵션을 지정할 수 있습니다. 검색된 노트의 내용을 열람하거나 검색 내용을 추가로 더 보여줄지 선택할 수 있습니다.

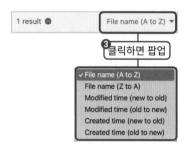

❸을 이용해 검색 결과가 표시되는 순서를 바꿀 수도 있습니다. 검색 결과 순서는 파일 이름, 파일 생성 날짜, 파일 수정 날짜를 오름차순 또는 내림차순으로 표시할 수 있습니다.

🔗 검색이 쉬워지는 검색 노하우 30

Search 검색어 사용법

Search 검색어는 검색창에 입력하는 키워드입니다. 조금 더 상세한 조건으로 검색을 하겠습니다. 예시로 다음 4개의 노트가 있다고 가정하겠습니다.

- 골든 래빗
- 골든 글러브를 낀 래빗
- 골든 리트리버
- 골병든 래빗

검색어에서 각 단어는 독립적으로 일치하는 결과를 찾습니다. 말이 어려운데요, 예를 들어 검색어가 '골든 래빗'이라면 노트 제목이나 내용에 '골든'과 '래빗'이 포함된 노트를 찾습니다. 위 4개의 노트 중 '**골든** 글러브를 낀 **래빗**'과 '**골든 래빗**'이 검색됩니다.

정확하게 '골든 래빗'을 찾고 싶다면 다음과 같이 쌍따옴표로 "골든 래빗"을 감싸주면 됩니다.

'골든' 또는 '래빗'이 포함된 노트를 찾고 싶다면 단어 사이에 OR을 입력하면 됩니다. 그러면 '**골든** 글러브를 낀 **래빗**', '**골든 래빗**', '**골든** 리트리버', '골병든 **래빗**'이 모두 포함됩니다. 소문자가 아닌 대문자로 OR을 사용해야 한다는 것에 주의하세요.

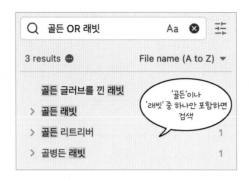

어떤 단어를 포함하지 않는 노트를 검색하고 싶을 수 있습니다. 이 경우 제외할 단어 앞에 – 기호를 붙이면 됩니다. 다음과 같이 '-래빗'을 입력하면 '래빗'이 없고 '골든'만 있는 **골든 리트리버**만 검색됩니다.

검색 연산자

검색 연산자를 사용하면 다양한 검색 옵션을 지정할 수 있습니다. 다음 표는 옵시디언에서 지원하는 검색 연산자입니다.

검색 연산자	설명
file:	파일 이름을 검색합니다. 이를 이용하면 확장자를 검색할 수 있습니다. ex) png 파일 찾기 **file:.png**
path:	특정 파일 경로에서 노트를 찾습니다. ex) 'Resource/diary' 폴더에서 노트 찾기 **path:"Resource/diary"**
content:	파일 내용에서 찾습니다. ex) 'New Year' 검색하기 **content:"New Year"**
match-case:	대소문자를 구분해서 찾습니다. ex) 'New Year'를 대소문자 구분해 검색하기 **match-case:"New Year"**

ignore-case:	대소문자를 구분하지 않고 찾습니다.
tag:	특정 태그를 포함하는 노트를 찾습니다 ex) 'study' 태그를 포함하는 노트 찾기 **tag:#study**
line:	같은 라인에 키워드가 모두 포함된 노트를 찾습니다. 소괄호로 키워드를 묶어줍니다. ex) 같은 라인에 '페이지'와 '작성'이 모두 들어간 노트 찾기 **line:(페이지 작성)**
block:	같은 블록에서 키워드가 모두 포함된 노트를 찾습니다. 사용 방법은 line과 같습니다.
section:	같은 섹션에서 키워드가 모두 포함된 노트를 찾습니다. 사용 방법은 line과 같습니다.
task:	태스크 리스트에서 일치하는 내용을 찾습니다. ex) '글쓰기'가 포함된 태스크 찾기 **task:글쓰기**
task-todo:	완료 표시되지 않은 태스크 리스트에서 일치하는 내용을 찾습니다.
task-done:	완료 표시된 태스크 리스트에서 일치하는 내용을 찾습니다.

 라인, 블록, 섹션의 차이

검색 연산자를 설명할 때 라인, 블록, 섹션 키워드가 언급됩니다. 세 키워드의 차이를 알아보겠습니다.

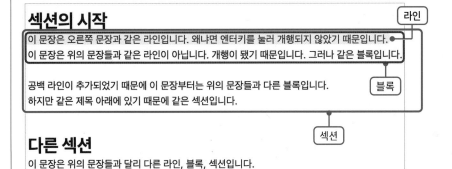

- 라인 : 줄 바꿈하지 않은 문장은 같은 라인입니다. Enter 를 눌러 줄 바꿈을 하면 다른 라인으로 취급합니다.

- 블록 : 줄 바꿈이 되었더라도 중간에 빈 공간이 없다면 같은 블록입니다. Enter 를 두 번 눌러 빈 공간이 생기면 다른 블록으로 취급됩니다.

- 섹션 . 같은 세목 마크다운 아래에 있으먼 같은 섹션입니다.

🔗 정규 표현식으로 필요한 정보 고급 검색하기 ⌐31⌐

검색어로 정규 표현식Regular Expression을 사용하면 정교한 검색을 할 수 있습니다. 정규 표현식은 특정한 규칙이나 패턴으로 문자열을 찾을 때 사용되는 형식 언어입니다. 정규 표현식은 설명만으로 책 한 권이 나올 정도로 복잡하고 방대합니다. 여기서는 정규 표현식으로 검색할 수 있는 예시를 몇 가지 보겠습니다.

미리 말하지만 처음 봐서는 이해하기 어려울 수 있으니 '정규 표현식으로 고급 검색을 할 수 있구나'하고 넘어가도 됩니다. 나중에 필요할 때가 생기면 여기에 있는 정규 표현식을 수정해 사용하거나 ChatGPT 같은 AI 도구를 이용해서 필요해 맞게 정규 표현식을 만들어 사용하면 됩니다.

▶ 바로 실습   특정 단어로 시작하는 문장 찾기

정규 표현식으로 검색하려면 정규 표현식 부분을 /로 감싸면 됩니다. 특정 단어로 시작하는 문장을 찾을 때는 ^ 뒤에 찾으려는 단어를 붙이면 됩니다. 특정 문장이 'My'로 시작하는 경우를 찾으려면 다음과 같은 정규 표현식을 이용합니다.

```
/^My/
```

aaa@gmail.com과 같은 이메일 주소를 검색하려면 다음 정규 표현식을 사용합니다.

```
/\b[A-Za-z0-9._%+-]+@[A-Za-z0-9.-]+\.[A-Z¦a-z]{2,}\b/
        ❶                  ❷              ❸
```

양 끝에 있는 \b는 단어 구분에 사용됩니다. 위의 정규 표현식은 세 파트로 나뉘어져 있는데 설명하면 다음과 같습니다.

❶ 이메일 시작 부분으로, 영어 대소문자, 숫자, 밑줄, 점, 대시 등의 문자를 한 개 이상 포함합니다.

❷ @ 뒤에 영문 대소문자, 숫자, 점, -를 포함합니다.

❸ . 기호 뒤에 최소 두 개의 영문자가 오는 패턴을 나타냅니다 (예: '.com', '.net')

▶ 바로 실습 **전화번호 패턴 찾기**

010-0000-0000과 같은 전화번호 형식을 검색하는 데 다음과 같은 정규 표현식을 사용합니다.

```
/\d{3}-\d{4}-\d{4}/
```

여기서 \d는 숫자를, {n}은 n개의 숫자가 연속되어야 함을 나타냅니다. 실제로 검색하면 다음과 같이 전화번호 형식을 가진 내용을 검색 결과로 보여줍니다.

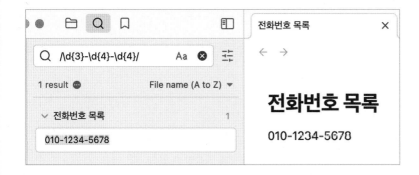

노트에 자주 검색하는 항목의 검색 결과를 모아두고 싶을 때는 코드 블록을 이용하면 됩니다. 코드 블록을 시작하는 마크다운 ```` ``` ````다음에 'query'를 입력해 검색 결과를 노트에 첨부할 수 있습니다.

```query
tag:#StructureNote
```

tag:#StructureNote 자리에 원하는 검색어를 적어주면 됩니다. 위의 코드 블록은 #StructureNote라는 태그를 포함하는 노트 모음입니다. 그러면 이렇게 검색 결과가 노트에 첨부됩니다.

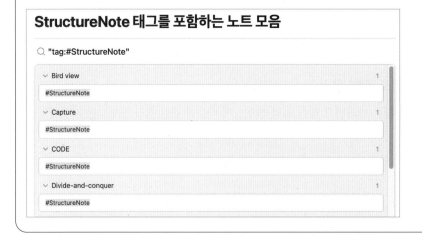

리마인드 노트

- 옵시디언의 검색 플러그인을 사용하여 원하는 내용의 노트를 검색할 수 있습니다.
- 검색 연산자를 활용하면 세밀한 검색이 가능합니다.
- 정규 표현식을 이용하면 패턴 기반의 검색이 가능합니다.

Chapter 09

그래프로 노트 연결 시각화하기

옵시디언을 소개할 때 항상 등장하는 기능이 있습니다. 바로 그래프graph view입니다. 실제로 이 책의 Chapter 01에서 첫 번째 스크린샷도 그래프였습니다. 이 그래프가 멋있어서 옵시디언에 입문한 분이 많습니다. 그래프는 옵시디언의 꽃이라 표현하고 싶습니다. 여기서 꽃은 관용적인 표현이 아니라 화려하지만 실용성을 찾기 어려움도 의미합니다. 그럼에도 그래프는 특정 상황에서 개념의 관계나 관련된 노트를 찾을 때 유용한 도구입니다.

그래프로 전체 노트 연결 시각화하기 32

그래프는 노트의 관계를 시각화합니다. 가끔 시간을 내어 전체 그래프를 둘러보면 과거의 생각을 되새기고, 새로운 영감을 얻는 데 도움이 됩니다. 직접 실습을 따라 하며 노트를 시각화해봅시다.

▶ 바로 실습 모든 노트의 연결 관계를 표현한 그래프 만들기

01 먼저 리본에서 ❶ ⚡를 눌러서 그래프를 열어봅니다. 현재 볼트 내에 있는 모든 노트 관계를 그래프로 확인할 수 있습니다.

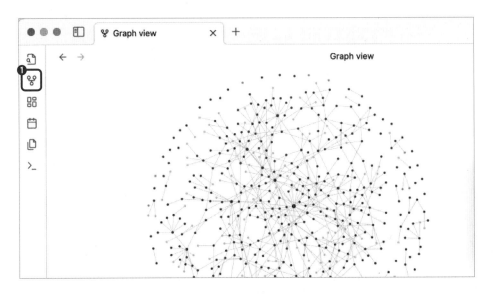

그래프에서 원(점)을 노드node라고 부릅니다. 그래프에서 노드끼리는 선으로 연결되어 있습니다. 이 선을 링크link라고 부릅니다.

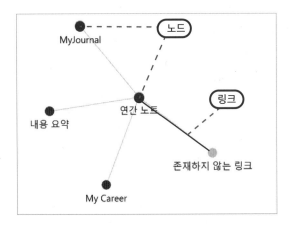

노드와 링크는 옵시디언뿐만 아니라 그래프에서 사용하는 일반적인 표현입니다. 노드를 잡아 끌면 링크를 따라 연결된 노드가 끌려 따라옵니다. 노드를 클릭하면 해당 노트를 열 수 있습니다.

02 ❶ 오른쪽 위 ⚙를 클릭해보세요. 그러면 ❷ 그래프를 수정할 수 있는 창이 뜹니다

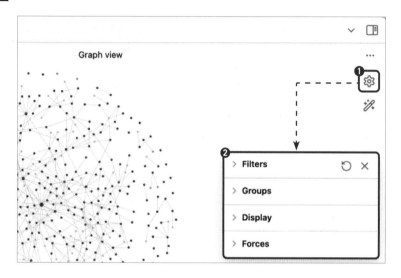

Filters, Groups, Display, Forces가 있습니다. 각 항목에서 그래프를 어떻게 수정할 수 있는지 알아보겠습니다.

Filters 그래프에 어떤 노드를 출력할지 지정할 수 있습니다. ❶ 검색창에서 표시할 노트를 검색할 수 있습니다. ❷ Tags를 활성화하면 태그가 그래프의 노드로 표현됩니다. ❸ Attachments를 활성화하면 첨부 파일이 표현됩니다. ❹ Existing files only를 활성화하면 링크되어 있어도 실제 파일이 없다면 표현되지 않습니다.

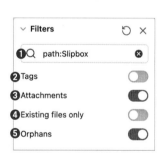

❺ Orphans가 활성화되면 다른 노트랑 연결되어 있지 않은 노트도 노드로 출력됩니다. 하나하나 직접 눌러보면서 그래프가 변하는 모습을 보면 이해가 쉬울 겁니다.

Groups   Search 검색어를 이용해 노트를 그룹화하고 해당 노드의 색을 지정할 수 있습니다. 다음 그림은 #StructureNote라는 태그가 포함된 노트를 빨간색으로 표시하는 예시입니다.

여기서 색을 정합니다.

Display   노드의 크기나 두께 같은 요소를 지정합니다. Arrows를 활성화하여 링크에서 화살표 방향을 표현할 수도 있습니다.

Forces   노드 간의 반발력이나 링크가 얼마만큼의 힘으로 연결되어 있는지 설정할 수 있습니다. 노드가 중앙으로 뭉치려는 중심력, 서로 가까워지면 밀어내려는 반발력, 링크로 서로 잡아당기는 인력을 설정할 수 있습니다. Display와 함께 적절히 설정하면 그래프를 보기 편하게 표현할 수 있습니다.

1분 꿀팁 그래프 세팅을 저장하고 싶어요

그래프에서 여러 설정을 저장하고 필요할 때마다 불러와 사용하고 싶을 수 있습니다. 이때는 코어 플러그인인 북마크를 이용하면 됩니다. 북마크 탭은 왼쪽 사이드바에 있습니다.

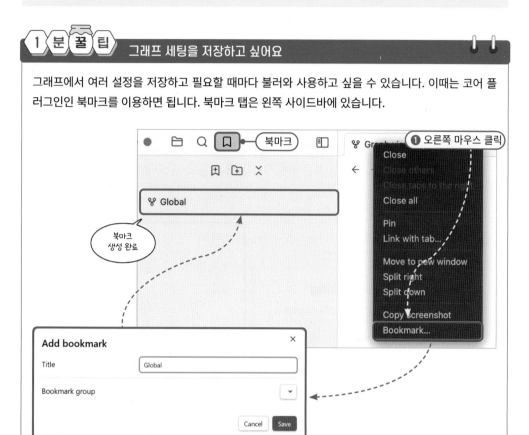

❶ 현재 그래프의 탭을 우클릭하고 [Bookmark...]를 누르면 현재 설정이 북마크에 추가됩니다. 이를 다시 불러오려면 북마크에서 해당 그래프를 선택하면 됩니다. 참고로 바로 다음에 소개할 로컬 그래프에서는 사용할 수 없습니다.

🔗 로컬 그래프로 현재 노트 연결 시각화하기 ③③

전체 그래프로 모든 노트를 시각화하니 멋있어 보입니다. 그런데 볼트 내의 노트가 많아질수록 점점 보기 어려워집니다. 특히 특정 노트랑 연관된 노트를 그래프로 보고 싶을 때 도움이 안 됩니다. 그럴 때는 로컬 그래프를 활용하면 됩니다.

▶ 바로 실습 현재 노트의 연결 관계를 표현한 그래프 만들기

01 시각화하고자 하는 노트를 엽니다. 그 후 명령어 팔레트에서 'Graph view: Open local graph'를 입력합니다. 그러면 오른쪽에 새로운 탭 그룹이 생성되면서 로컬 그래프가 나타납니다.

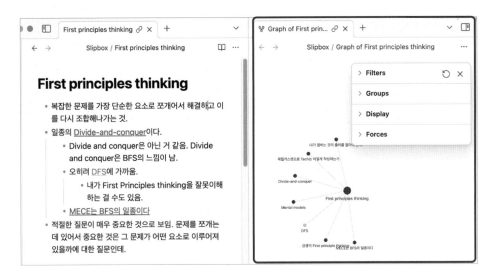

02 로컬 그래프도 전체 그래프와 인터페이스가 거의 같습니다. 다만 Filters에서 차이점이 있습니다. 오른쪽 위의 Filters를 들어가면, 앞서와는 다른 항목이 있을 겁니다.

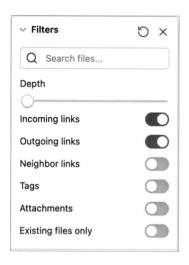

전체 그래프의 Filters에서 못 보던 Depth, Incoming links, Outgoing links, Neighbor links 항목이 있습니다. 각각을 설명하면 다음과 같습니다.

Depth	현재 노트부터 연결된 링크의 '깊이'를 지정합니다. 여기서 '깊이'란 현재 노트로부터 몇 다리 건너야 해당 노트로 링크되는지를 의미합니다. Depth 값이 높을수록 현재 노트와 연관된 노트가 더 많이 표시됩니다.
Incoming links	현재 노트를 링크하는 다른 노트, 즉 백 링크를 표현합니다.
Outgoing links	현재 노트에서 링크하는 다른 노트, 즉 아웃 링크를 표현합니다.
Neighbor links	현재 노트가 아닌 다른 노트 간의 링크도 표시합니다. 활성화하면 마치 거미줄처럼 노트 간의 연결 관계도 시각화할 수 있습니다.

로컬 그래프를 적절히 사용하면 특정 노트와 연결된 노트의 관계를 시각화할 수 있습니다.

⌒ 리마인드 노트

- 그래프를 이용해 노트 간의 연결을 시각화할 수 있습니다.

- 로컬 그래프로 현재 노트의 연결을 볼 수 있습니다.

- 그래프는 매력적이고 멋진 기능이지만, 반드시 잘 활용해야 하는 것은 아닙니다.

Chapter 10

고급 마크다운 문법 익히기

고급 마크다운을 소개합니다. 이 마크다운은 일반적인 노트에서 자주 사용하지는 않지만 복잡한 정보를 기입할 때 도움이 됩니다. 또한 노트를 더 세련되게 만들기도 합니다. 모든 내용을 한번에 익히려고 하기보다는 필요할 때마다 참고하는 편이 좋습니다.

🔗 표 만들기 34

기본적으로 마크다운 문법에는 표table 기능이 있습니다. 하지만 문법을 알아도 표를 만드는 건 꽤 귀찮습니다. 따라서 여기에서는 표 인터페이스를 이용해 표를 다루는 방법을 소개하겠습니다. 이 방법을 사용하면 표 마크다운 문법을 몰라도 표를 작성할 수 있습니다.

▶ 바로 실습 표 추가하기

표는 명령어 팔레트에서 'Insert table'을 통해 생성할 수 있습니다. 혹은 노트 에디터에서 우클릭한 후 [Insert → Table] 로도 생성할 수 있습니다.

머리말은 굵은 글씨
내용은 일반 글씨

그러면 이렇게 2 × 2 표가 생성됩니다. 기본적으로 1행에 텍스트를 입력하면 굵게 처리됩니다.

바로 실습 행과 열 추가하기

이제 행과 열을 추가하겠습니다. 행을 추가하려면 표 아래쪽에 마우스를 올렸을 때 나타나는 ┼를 클릭하면 됩니다. 열을 추가할 때도 같은 방식으로 표 오른쪽에 마우스를 올리면 나타나는 ┼를 클릭하면 됩니다.

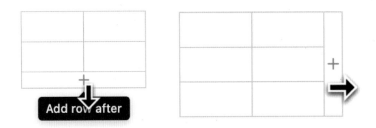

바로 실습 행과 열 순서 바꾸기

표에서 행과 열의 순서를 바꿀 수 있습니다. 드래그 앤 드롭 방식으로 가능합니다. 행의 순서를 바꾸고 싶을 때는 해당 행의 왼쪽에 마우스를 가져가면 커서가 드래그 형태로 변경됩니다. 그 상태에서 행을 원하는 위치로 드래그하면 순서가 바뀝니다. 열의 순서를 조정하고 싶을 때는 변경하고자 하는 열의 제목 부분 위에 마우스를 올려 놓고 드래그 앤 드롭으로 원하는 위치로 이동시키면 됩니다.

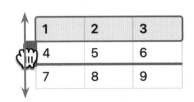

앞서 설명한 인터페이스를 사용하면 편리하게 표를 작성할 수 있지만, 텍스트로 직접 표를 작성하고 싶은 경우도 있을 것입니다. 특히 키보드로 열심히 타이핑하다가 마우스를 사용하는 것이 번거롭게 느껴질 때 유용합니다. 그런 분들을 위해 마크다운으로 표를 작성하는 법을 소개합니다.

```
| 제목1 | 제목2 | 제목3 |

| --- | --- | --- |

| **굵게** | *기울게* | ==강조== |

| 내용A | 내용B | 내용C |
```

제목1	제목2	제목3
굵게	*기울게*	강조
내용A	내용B	내용C

마크다운의 표에서는 행을 구분할 때는 개행을, 열을 구분할 때는 | 기호를 사용합니다. 표에 제목이 필요하면 제목과 내용을 구분하기 위해 각 열 제목 아래에 ---를 입력합니다. 또한, 표의 각 셀에서도 텍스트를 굵게 하거나 기울임꼴로 표시하는 등의 기본 마크다운 서식을 적용할 수 있습니다.

콜아웃으로 강조하기 35

콜아웃callout은 특정 정보나 아이디어를 강조할 때 사용합니다. 텍스트를 디자인된 박스 안에 배치해서 눈에 띄게 만듭니다.

▶ 바로 실습 노트에 콜아웃 삽입하기

기본적인 콜아웃 마크다운의 구조는 다음과 같습니다:

```
> [!타입] 콜아웃 제목
> 콜아웃 내용
```

타입에는 해당 콜아웃이 어떤 종류인지 들어갑니다. 다음 코드 예를 통해서 콜아웃 타입들을 확인해보세요.

> [!note] 이것은 '노트' 콜아웃입니다.
> 다음과 같이
> 여러 줄에 걸쳐서 입력할 수 있습니다.

> ✏️ 이것은 '노트' 콜아웃입니다.
>
> 다음과 같이
> 여러 줄에 걸쳐서 입력할 수 있습니다.

> [!abstract] 이것은 '요약' 콜아웃입니다.

> 📋 이것은 '요약' 콜아웃입니다.

> [!info] 이것은 '정보' 콜아웃입니다.

> ⓘ 이것은 '정보' 콜아웃입니다.

> [!todo] 이것은 '할 일' 콜아웃입니다.

> ⊘ 이것은 '할 일' 콜아웃입니다.

> [!tip] 이것은 '팁' 콜아웃입니다.

> ✋ 이것은 '팁' 콜아웃입니다.

> [!success] 이것은 '성공' 콜아웃입니다.

> ✓ 이것은 '성공' 콜아웃입니다.

위에서 소개한 콜아웃 타입 이외에도 question, warning, failure, danger, bug, example, quote 등 다양한 콜아웃이 있습니다.

1분 꿀팁 — 콜아웃 접고 펴기

콜아웃을 접거나 펴려면 콜아웃 타입 뒤에 + 또는 - 기호를 추가합니다. +를 사용하면 콜아웃이 펼침 상태로 나타납니다. 이는 콜아웃의 내용을 처음부터 보여주고 싶을 때 유용합니다. 반대로 -는 콜아웃을 접은 상태로 만듭니다. 이는 내용을 간결하게 유지하면서 필요한 정보를 때에 따라 추가 제공하고 싶을 때 적합합니다.

> [!note]+ 기본적으로 열린 콜아웃
> 이 콜아웃은 내용이 열려서 보입니다

> ✏️ 기본적으로 열린 콜아웃 ⌄
>
> 이 콜아웃은 기본적으로 내용이 열려서 보입니다

> [!note]- 기본적으로 닫힌 콜아웃
> 이 콜아웃은 따로 열지 않는 이상 접혀서 보이지 않습니다.

> ✏️ 기본적으로 닫힌 콜아웃 〉

🔗 수학 기호나 식 표현하기 36

옵시디언에서 LaTex으로 수학 기호나 식을 사용할 수 있습니다. LaTex은 복잡한 수학 수식을 표현할 수 있는 문법입니다. 이 책에서는 LaTex에 대한 설명을 따로 하지는 않겠습니다. 복잡한 수식을 제외한 LaTex 기본 문법은 유튜브나 인터넷 자료를 통해 쉽게 익힐 수 있을 겁니다.

⬆️ 바로 실습 한 줄 안에 수학 표현 사용하기

한 줄 안에 수학 표현을 쓰려면 LaTex 표현을 $로 감싸주면 됩니다.

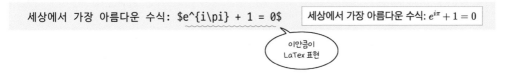

세상에서 가장 아름다운 수식: $e^{i\pi} + 1 = 0$

세상에서 가장 아름다운 수식: $e^{i\pi} + 1 = 0$

> 이만큼이
> LaTex 표현

⬆️ 바로 실습 여러 줄에 걸쳐 수학 표현 사용하기

여러 줄에 걸쳐서 수학 표현을 쓰려면 $$ 표시로 감싸주면 됩니다. 다음과 같이 행렬을 표현하려면 여러 줄을 사용할 수밖에 없습니다.

```
행렬의 곱셈은 다음과 같이 나타낼 수 있다.
$$
\begin{pmatrix}
a & b \\
c & d
\end{pmatrix}
\begin{pmatrix}
e & f \\
g & h
\end{pmatrix}
=
\begin{pmatrix}
```

```
ae + bg & af + bh \\

ce + dg & cf + dh

\end{pmatrix}

$$
```

행렬의 곱셈은 다음과 같이 나타낼 수 있다.

$$\begin{pmatrix} a & b \\ c & d \end{pmatrix} \begin{pmatrix} e & f \\ g & h \end{pmatrix} = \begin{pmatrix} ae+bg & af+bh \\ ce+dg & cf+dh \end{pmatrix}$$

🔗 각주로 추가 설명 달기 37

본문에서 추가 설명이 필요한 부분에 각주를 남깁니다.

▶ 바로 실습 각주 사용하기

추가 설명이 필요한 단어나 문장 뒤에 [^텍스트]로 남기면 위 첨자 각주가 생깁니다. 그리고 해당 각주에 대한 자세한 설명은 [^텍스트]:에서 서술합니다.

사자[^lion]는 밀림[^jungle]의 왕이다.

[^lion]: 사자는 아프리카와 인도에 서식하는 고양이과의 포유류다.
[^jungle]: 정글이라고도 불리며, 고온다습한 환경의 수목이 밀집된 지역이다.

각주는 읽기 모드에서 제대로 표현됩니다. 옵시디언은 기본적으로 프리뷰 모드입니다. 프리뷰 모드에서는 각주가 다음과 같이 보입니다.

사자^lion는 밀림^jungle의 왕이다.

^lion 사자는 아프리카와 인도에 서식하는 고양이과의 포유류다.

^jungle 정글이라고도 불리며, 고온다습한 환경의 수목이 밀집된 지역이다.

읽기 모드는 명령어 팔레트에서 'Toggle reading view'를 입력하거나 기본 단축키로 `⌘ Cmd + E` `⊞ Ctrl + E` 로 진입할 수 있습니다. 읽기 모드로 진입하면 각주가 다음과 같이 보입니다.

사자[1]는 밀림[2]의 왕이다.

---

1. 사자는 아프리카와 인도에 서식하는 고양이과의 포유류다.↵
2. 정글이라고도 불리며, 고온다습한 환경의 수목이 밀집된 지역이다.↵

🔗 주석으로 읽기 모드에서 안보이게 처리하기 `38`

읽기 모드를 자주 사용한다면 특정 텍스트는 읽기 모드에서 보이지 않게 하고 싶을 수 있습니다. 이때는 주석 기능을 활용할 수 있습니다.

▶ 바로 실습   주석 사용하기

%%로 읽기 모드에서 가리고 싶은 텍스트를 감싸면 해당 텍스트는 읽기 모드에서 가려집니다.

```
이것은 %%인라인 주석%% 이다.
%%
다음은 블록 주석이다.
여러 줄을 주석 처리할 수 있다.
%%
```

프리뷰 모드에서는 % 문자가 전부 보이지만 읽기 모드에서는 다음과 같이 주석 처리된 부분이 사라진 것을 확인할 수 있습니다.

이것은 이다.

ᯎ 리마인드 노트

- 자주 사용되지 않은 마크다운 문법을 까먹었을 때는 노트 에디터에서 우클릭하여 마크다운 문법을 사용할 수 있다는 점을 기억하세요.

- 표는 마크다운 활용 없이도 마우스로 내용을 추가하거나 위치를 변경할 수 있습니다.

- 콜아웃으로 특정 내용을 강조할 수 있습니다.

- 각주와 주석은 프리뷰 모드와 읽기 모드에서 다르게 동작합니다.

Chapter 11

속성으로 메타데이터 넣기

옵시디언의 노트에는 해당 노트의 추가 정보를 넣을 수 있습니다. 이런 정보를 메타데이터metadata라고 합니다. 보통 메타데이터에 작성 날짜, 태그, 저자 등의 정보를 입력합니다. 이런 메타데이터를 잘 활용하면 노트 개수가 많아져도 노트를 분류하고 검색하기가 편해집니다.

⬮ 노트에 속성 만들기 ─39

▶ 바로 실습 빈 속성 추가하기

옵시디언에서는 속성property을 이용해 노트에 메타데이터를 추가할 수 있습니다. 메타데이터 추가 방법은 첫 번째 줄에 ---를 입력하면 됩니다. 혹은 단축키로 ⌘ Cmd + ; ⊞ Ctrl + ; 를 사용합니다. 그러면 다음 그림과 같이 속성이 추가됩니다.

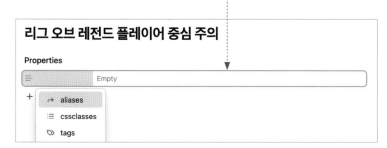

기본 속성으로 aliases, cssclasses, tags가 있습니다. 이 기본 속성들은 특수한 용도로 사용하는데 추후에 설명하겠습니다.

▶ 바로 실습 속성 이름과 속성 값 지정하기

속성은 '이름'과 '값'으로 구성됩니다. 이름은 해당 속성을 식별하는 키워드이고 값은 구체적인 정보를 나타냅니다.

이렇게 책과 관련된 여러 노트에 저자 정보를 기록한다고 해볼까요? 속성으로 ❶ '이름'에는 '저자'를 넣고 ❷ '값'에는 해당 책의 실제 저자명을 입력하면 됩니다.

속성 바로 아래에 있는 ❸ [Add property]를 누르면 새 속성을 추가할 수 있습니다. 명령어 팔레트에서 'Add file property'나 단축키 🍎 cmd + ; ⊞ Ctrl + ; 을 사용해도 됩니다.

▶ 바로 실습 속성 타입 지정하기

속성을 추가하면 기본으로 문자ₜₑₓₜ 타입의 속성이 만들어집니다. 문자 타입 말고도 여러 종류의 타입이 있으니 알맞은 것을 골라 사용하면 됩니다. 속성 왼쪽의 ≡ 아이콘을 누른 후 **[Property type]**에서 속성의 종류를 선택할 수 있습니다.

각 속성 타입에 대한 내용은 다음과 같습니다.

- **Text** : 기본 문자 타입입니다. 제목, 설명, 메모 등 다양한 용도로 활용할 수 있습니다.
- **List** : 속성의 값을 여러 개 입력할 수 있는 타입입니다. 각 항목을 입력하고 Enter 를 누르면 값을 추가할 수 있습니다.
- **Number** : 숫자만 입력할 수 있는 타입입니다. 수량, 페이지 수, 점수 등 숫자로 표현되는 값을 관리할 때 유용합니다.
- **Checkbox** : 체크박스입니다. 확인 여부, 완료 여부를 나타내는 데 활용합니다.
- **Date** : 특정 날짜를 입력하는 타입입니다. 기한, 생성일 등을 관리할 때 활용합니다.
- **Date & time** : 앞의 Date에서 시각까지 포함된 타입입니다. 정확한 시간을 포함해야 하는 일정 관리 등에 사용할 수 있습니다.

다음은 위의 모든 속성 타입을 순서대로 활용한 예시입니다. 오진호, 《리그 오브 레전드 플레이어 중심 주의》(골든래빗, 2023)라는 책 정보를 표현했습니다. 각 타입별 어떤 속성 정보를 넣는지 확인해보세요.

리그 오브 레전드 플레이어 중심 주의

Properties

☰ 저자	오진호
☷ 카테고리	BOOKS × ECONOMY × IT × HOBBY ×
⚏ 페이지 수	288
☑ 읽음 여부	☐
📅 출간일	☐ 09/10/2023 ⬯
🕐 노트 생성 시각	☐ 12/23/2023, 12:15 PM

세 가지 기본 속성

속성을 처음 만들 때 기본으로 뜨던 세 가지 속성이 있었습니다. 이 속성들은 다음 용도로 사용됩니다. 이름이 복수형인 것에 주의하세요.

aliases   노트의 별칭 기능입니다. 노트를 링크하거나 검색할 때 다른 이름으로 찾고 싶을 수도 있습니다. 예를 들어서 '옵시디언'이라는 노트를 만들었는데 'Obsidian'으로 찾을 때도 있을 겁니다. 이 속성은 앞서 본 리스트 타입처럼 별칭 입력 후 **Enter**를 눌러 여러 별칭을 추가할 수 있습니다. **aliases는 실제 사용에서 한영 병기, 줄임말 등을 다룰 때 매우 유용하니 반드시 익숙해지시길 바랍니다.**

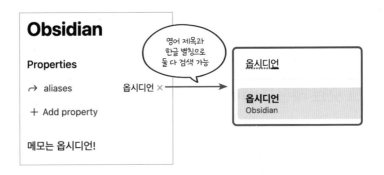

cssclasses   활성화된 CSS 스니펫 중 적용할 CSS 클래스를 지정합니다.

       🔗 'Chapter 19 HTML과 CSS 스니펫으로 옵시디언 특별하게 꾸미기'에서 자세히 알아보겠습니다.

tags   리스트 타입처럼 태그 입력 후 **Enter**를 눌러 여러 태그를 추가할 수 있습니다. 노트의 태그를 한 곳에 몰아서 표현할 때 쓸 수 있습니다.

속성 보이기 설정

속성을 숨기고 싶거나 혹은 마크다운에 작성되는 그대로의 소스를 보고 싶을 수 있습니다. 속성을 어떻게 보이게 할지 설정은 다음과 같이 **[Settings → Editor → Properties in document]**에서 할 수 있습니다.

설정 항목들은 다음과 같습니다.

Visible
기본값

속성이 있으면 노트 위에 속성을 나타냅니다.

Hidden   속성을 숨깁니다.

Source   Source를 선택하면 속성이 마크다운에 저장되는 YAML 형식 그대로 속성이 보입니다. 특별한 경우를 제외하고는 사용할 일이 없을 겁니다.

 **속성이 노트에 추가되는 방식, YAML**

속성을 소스 모드로 보면 어떤 방식으로 마크다운으로 작성되는지 확인할 수 있습니다. 2가지 키워드로 속성의 작성 원리를 알아봅시다.

첫 번째는 프런트매터frontmatter입니다. 프런트매터는 노트 가장 앞에 위치하는 특별한 영역입니다. ---로 시작하고 끝이 납니다. 이 영역에 노트의 추가 정보를 정의할 수 있습니다.

두 번째는 YAML입니다. YAML은 데이터를 표현하는 형식입니다. YAML 형식으로 노트의 제목, 태그 등 다양한 데이터를 표현할 수 있습니다.

옵시디언의 속성은 노트의 프런트매터 영역 안에서 YAML 형식으로 관리됩니다. 다음 그림은 앞서 만든 '리그 오브 레전드 플레이어 중심 주의'의 속성이 어떻게 마크다운에 기입되었는지 보여줍니다.

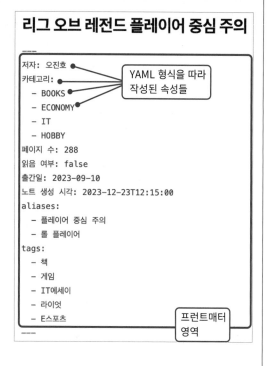

템플릿으로 독서 노트 양식 만들기 40

앞서 소개한 속성을 사용하면 노트를 체계적으로 관리할 수 있습니다. 하지만 속성의 진가는 하나의 노트가 아닌, 여러 노트에 일관되게 적용할 때 발휘됩니다. 하지만 노트마다 동일한 속성을 추가하는 작업은 번거롭습니다. 매번 어떤 속성을 어떤 형식으로 입력해야 하는지 기억하기도 쉽지 않고, 일일이 타이핑하는 것도 귀찮을 수 있습니다.

이럴 때 옵시디언의 코어 플러그인 중 하나인 템플릿templates을 사용하면 편리합니다. 템플릿으로 자주 사용하는 노트 양식을 미리 만들어 저장하고, 필요할 때마다 불러올 수 있습니다. 예를 들어 독서 노트처럼 자주 사용하는 노트 양식이 있다면 속성을 포함한 기본 구조를 미리 저장하고 필요할 때마다 사용할 수 있습니다.

01 템플릿을 사용하려면 먼저 템플릿 노트를 모아두는 템플릿 폴더를 만들어 지정해야 합니다. 여기서는 예시로 볼트 폴더에 'templates'라는 폴더를 만들었습니다. 그 후 설정에 들어가서 Core plugins의 **[Templates → Template folder location]**에서 방금 전에 만든 템플릿 폴더를 지정합니다.

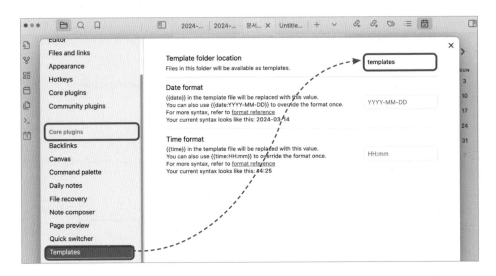

만약 Templates 메뉴가 안 보인다면 설정에서 Options의 **[Core plugins]**에 들어가 Templates를 활성화하세요.

02 이제 템플릿 노트를 만들겠습니다. 예시로 독서 노트 템플릿을 만들겠습니다. templates 폴더 아래에 '독서 노트 템플릿'이라는 노트를 만들고, 다음과 같이 템플릿을 작성합니다.

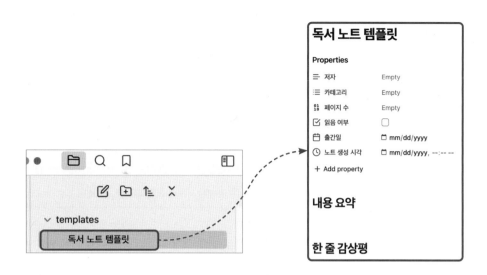

속성을 이용해 저자나 페이지 수 등 독서 노트에 들어갈 메타데이터를 작성합니다. 또한 본문에 '내용 요약'이나 '한 줄 감상평' 등 흔히 독서 노트에 작성할 법한 내용을 제목으로 넣었습니다.

03 독서 노트 템플릿을 만들었으니 사용해봅시다. 새로운 노트를 만들고 왼쪽 사이드바 리본에 있는 ▣를 클릭하거나 명령어 팔레트에서 'Templates: Insert template'을 선택합니다. 그러면 앞서 생성한 '독서 노트 템플릿'이 목록에 뜹니다. '독서 노트 템플릿'을 선택하면 현재 열린 노트에 템플릿이 적용됩니다.

▶ 바로 실습 템플릿 변수로 노트 생성 시간 자동 입력하기

템플릿 변수를 사용하면 정보를 자동으로 입력할 수 있습니다. 템플릿 변수는 다음 3가지를 지원합니다.

템플릿 변수	설명
{{title}}	노트의 제목이 들어갑니다.
{{date}}	현재 날짜가 들어갑니다. 기본적인 날짜 포맷은 YYYY-MM-DD 입니다(ex. 2023-12-23).
{{time}}	현재 시간이 들어갑니다. 기본적인 시간 포맷은 HH:mm 입니다(ex. 20:49).

이를 이용해 템플릿으로 새 노트를 만들 때 자동으로 노트 생성 시각이 입력되게 바꿔보겠습니다.

01 먼저 템플릿 원본 노트를 열고 속성을 소스 모드로 변경합니다. 명령어 팔레트에서 'Toggle Live Preview/Source mode'를 선택하여 소스 모드로 진입합니다. 그러면 속성을 마크다운으로 직접 편집할 수 있습니다.

02 노트 생성 시각에 "{{date}} {{time}}"을 입력합니다.

03 속성을 입력하고 소스 모드에서 빠져나옵니다. 명령어 팔레트에서 'Toggle Live Preview/ Source mode'를 선택하면 됩니다.

'노트 생성 시각' 오른쪽에 ⚠ 아이콘으로 Type mismatch 경고가 뜹니다. 노트 생성 시각 은 시간 형식이라 날짜와 시간이 적혀 있어야 하는데 '{{date}} {{time}}'이라는 문자 형식을 입력해서 속성 타입이 맞지 않다는 경고입니다. 추후 템플릿을 사용하면 '{{date}} {{time}}' 은 시간 형식으로 자동 변경되므로 경고를 무시하고 진행해도 됩니다.

04 새로운 노트를 만들고 이 템플릿을 적용해보세요. 노트가 생성된 실제 시간이 자동으로 입 력된 노트가 만들어졌습니다.

코어 플러그인 템플릿의 기능이 아쉬울 수 있습니다. 고급 기능의 템플릿을 활용하려면 커뮤니티 플러그인 Templater(SilentVoid 제작)를 추천합니다. 이 책에서는 배경 지식이 필요하고 변동성이 있는 커뮤니티 플러그인보다 코어 플러그인을 중심으로 설명하려고 합니다만, Templater는 현재 커뮤니티 플러그인 다운로드 순위 중 4위를 차지할 만큼 많이 사용되기 때문에 간략히 소개하려고 합니다.

Templater는 자체 문법을 사용해서 다양하고 복잡한 템플릿을 만들 수 있습니다. 어떤 식으로 쓸 수 있는지 예제 코드로 확인해보세요. 유용하다는 생각이 들면 Templater의 공식 문서(silentvoid13. github.io/Templater/)를 참고하여 문법을 조금 더 공부해보세요.

다음 예시에서는 왼쪽과 같이 템플릿 노트를 만든 후, 명령어 팔레트에서 'Templater: create new note from template'을 선택해 일지를 만들었습니다.

❶ 제목에 자동으로 오늘 날짜 입력

```
<% tp.file.rename("Daily Log - "+tp.date.now()) %>
```

❷ 어제, 내일 날짜의 노트 내부 링크로 연결

```
[[[[<% tp.date.now("YYYY-MM-DD", -1) %>]]]]
```

```
[[[[<% tp.date.now("YYYY-MM-DD", +1) %>]]]]
```

❸ 명언 삽입

```
<% tp.web.daily_quote() %>
```

일간 노트 템플릿

Properties

🕐 생성 시각   `<% tp.file.creation_date() %>`

+ Add property

```
%%커뮤니티 플러그인 Templater를 사용해야 합니다.%%
<% tp.file.rename("Daily Log - "+tp.date.now()) %>
```
어제 노트: [[`<% tp.date.now("YYYY-MM-DD", -1) %>`]]
내일 노트: [[`<% tp.date.now("YYYY-MM-DD", +1) %>`]]

오늘의 명언

`<% tp.web.daily_quote() %>`

Daily Log - 2024-04-11

Properties

🕐 생성 시각   🗓 04/11/2024, 06:29 PM

+ Add property

%%커뮤니티 플러그인 Templater를 사용해야 합니다.%%

어제 노트: [[2024-04-10]]
내일 노트: [[2024-04-12]]

오늘의 명언

> 💬 There is only one boss. The customer. And he can fire everybody in the company from the chairman on down, simply by spending his money somewhere else.
>
> — Sam Walton

1분 꿀팁 현재 날짜와 시간 추가하기

템플릿 플러그인을 사용하면 속성값 말고 노트 작성 중간에도 현재 시점의 날짜나 시간을 기입할 수 있습니다. 명령어 팔레트에서 'Templates: Insert current date'로 현재 날짜를 추가할 수 있고, 'Templates: Insert current time'을 추가할 수 있습니다.

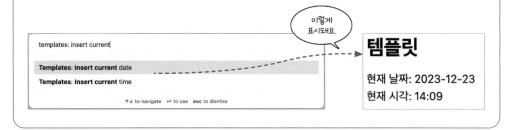

리마인드 노트

- 속성으로 노트에 메타데이터를 추가할 수 있습니다.
- 기본 속성으로 aliases, cssclasses, tags가 있습니다.
- 코어 플러그인 템플릿을 활용하면 여러 노트에 일괄로 속성을 추가할 수 있습니다.
- 템플릿 변수를 사용하면 템플릿 생성 시 제목, 날짜, 시간 등을 자동으로 기입할 수 있습니다.

Chapter 12

동기화로
어디서든 옵시디언 사용하기

옵시디언 사용에서 가장 큰 장벽이 바로 기기 간 동기화입니다. 클라우드 기반의 노트 앱이 아니기 때문에 파일 저장 책임이 이용자에게 있습니다. 각자에게 알맞은 방법은 동기화하려는 기기에 따라 달라집니다. 이번 챕터에서는 옵시디언의 싱크 플러그인을 이용한 동기화 방법과 그 외의 동기화 방법들을 소개합니다.

싱크 플러그인으로 동기화하기 41

옵시디언 싱크sync는 옵시디언 서버에 내 노트를 업로드해서 각 기기 간 동기화를 할 수 있는 클라우드 서비스입니다. **싱크는 유료 서비스입니다.** 금액 부담이 없다면 기기 간 동기화를 가장 쉽게 해결할 수 있습니다. 지금부터 싱크의 사용법과 몇 가지 주의 사항을 알아보겠습니다.

01 싱크 플러그인을 사용하려면 옵시디언 계정이 필요합니다. 먼저 **[Settings → General → Account]**에서 **[Sign up]** 버튼을 누릅니다. 그러면 옵시디언 홈페이지가 열리면서 회원가입을 할 수 있습니다. 회원가입 후 메일 인증까지 완료해주세요.

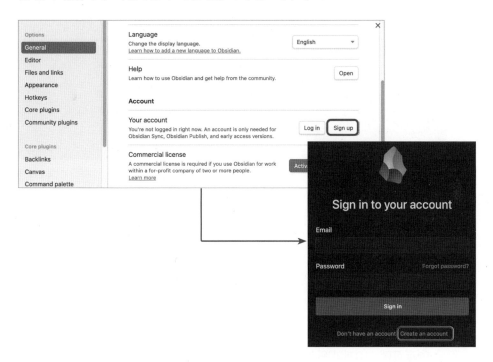

02 회원가입 완료 후 홈페이지에서 로그인을 진행하면 Account 페이지로 이동합니다.

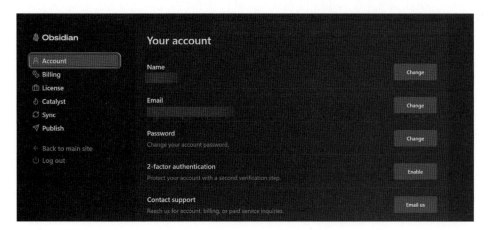

03 앞서 말했듯 싱크는 유료 서비스이므로 결제가 필요합니다. 결제를 위해 계정 페이지에서 [Sync] 탭을 선택합니다.

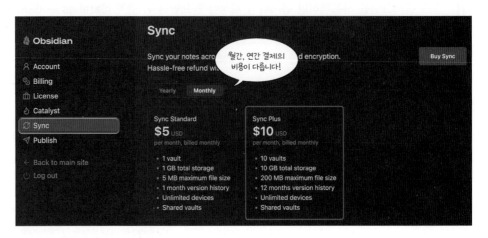

현재 싱크를 결제하는 방식은 Standard 플랜과 Plus 플랜으로 구분됩니다. 싱크 기능은 지속적으로 업데이트되고 가끔씩 이벤트를 진행하므로 공식 사이트에서 직접 확인하는 것이 좋습니다.

- **Standard 플랜** : 1개의 원격 볼트, 1GB 용량, 최대 5MB 파일 크기가 지원되며 월 요금은 $5입니다. 옵시디언에서 마크다운 파일만 사용한다면 Standard 플랜으로 충분할 것입니다.

- **Plus 플랜** : 10개의 원격 볼트, 총 10GB 용량, 최대 200MB 파일 크기를 지원하며, 월 $10의 요금이 부과됩니다. 총 볼트 용량을 100GB로 사용하려면 비용은 월 $20입니다. 연간 결제하면 비용은 더 저렴해집니다. 대부분의 싱크 사용자는 Plus 플랜을 사용합니다.

04 [Buy Sync]를 선택하면, 결제 창이 뜹니다. 해외 결제가 가능한 카드 정보를 입력하고 [Pay] 버튼을 누르면 싱크가 결제됩니다.

📍 바로 실습 **싱크 해지하기**

싱크는 구독제라서 매월 자동으로 결제됩니다. 더 이상 싱크를 사용하지 않아서 자동 결제를 취소하려면 계정 페이지의 **[Sync]** 탭에서 Auto-renewal에 있는 **[Stop → Stop auto-renewal]** 버튼을 누르면 됩니다.

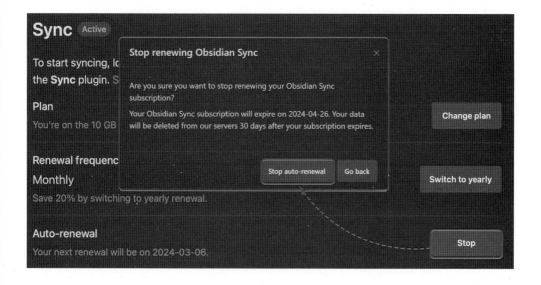

▶ 바로 실습 원격 볼트 만들고 연결하기

원격 볼트란 옵시디언 서버에 원격으로 저장된 볼트를 의미합니다. 싱크를 이용하려면 원격 볼트를 생성해야 합니다. 그리고 각 기기(데스크톱, 스마트폰)에서는 동기화할 원격 볼트를 지정해서 기기 간 동기화를 할 수 있습니다.

01 옵시디언 홈페이지에서 옵시디언으로 돌아옵니다. **[Settings → General]**의 Account에서 로그인을 해주세요.

02 **[Settings → Core plugins]**에서 ❶ 싱크를 활성화합니다. 그리고 ❷ 싱크의 ⚙를 누르거나 메뉴의 Core plugins 항목 아래 ❸ **[Sync]**로 들어갑니다.

03 Remote vault 항목에서 **[Choose]** 버튼을 선택합니다. 아직 원격 볼트가 없기 때문에 원격 볼트를 지정할 수 없습니다. **[Create new vault]**를 눌러서 새 원격 볼트를 만들어봅시다.

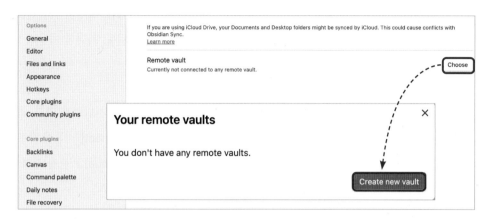

04 생성할 원격 볼트의 이름과 볼트가 저장될 서버의 지역을 지정하고 **[Create]**를 눌러 원격 볼트를 생성합니다.

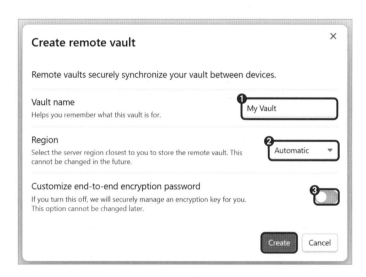

❶ 볼드 이름은 원하는 대로 선택하고 ❷ Region은 **[Automatic]**을 추천합니다.

원격 볼트는 옵시디언 서버에 암호화되어서 저장됩니다. 암호화에 사용되는 비밀번호는 옵시디언이 만들고 옵시디언 서버에 저장됩니다. 만약에 옵시디언 측을 신뢰하지 않아 개인 비밀번호를 사용하고 싶다면 ❸ Customize end-to-end encryption password를 활성화해서 비밀번호를 입력하면 됩니다. 직접 설정한 비밀번호로 암호화되므로 옵시디언 측에서 기술적으로 노트의 내용을 확인할 수 없어 보안이 한층 강화됩니다. 하지만 비밀번호를 잊어버리면 해당 볼트와의 동기화가 불가능해지므로 주의해야 합니다. 특별한 이유가 없다면 이 옵션은 비활성화 상태로 두는 것을 권장합니다.

05 싱크 결제가 정상적으로 되었다면 원격 볼트가 생성되고 기기의 옵시디언과 연결, 즉 동기화할지 선택하는 창이 뜹니다. 동기화를 원하는 원격 볼트의 **[Connect]** 버튼을 누릅니다. 그 후 현재 로컬 볼트의 내용과 합쳐질 것이라는 경고가 뜨면 **[Continue]** 버튼을 누릅니다.

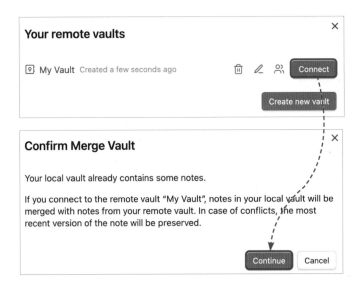

06 그러면 기기의 기존 로컬 볼트에 있던 파일과 원격 볼트의 파일을 합치면서 동기화를 할 건지 묻는 창이 뜹니다. **[Start syncing]** 버튼을 눌러 합칩니다. 이 동기화는 옵시디언이 실행되어 있으면 자동으로 진행됩니다.

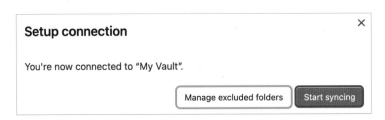

▶ 바로 실습 싱크로 협업용 옵시디언 설정하기

옵시디언은 협업보다는 개인용 도구에 적합합니다. 하지만 싱크를 이용하면 옵시디언을 협업용 도구로 사용할 수 있습니다. 협업할 사람과 원격 볼트를 공유하면 됩니다. **이때 협업 대상자 역시 옵시디언 싱크를 구독해야 합니다.**

01 원격 볼트를 공유하려면 [Settings → Sync → Remote vault → Manage]의 원격 볼트 관리 메뉴로 들어갑니다.

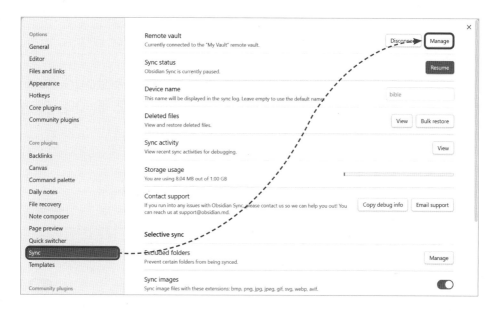

02 공유하려는 볼트의 👥를 클릭한 후, 협업 대상자의 이메일을 입력하고 [Add]를 누릅니다.

03 그러면 협업 대상자는 [Settings → Sync → Remote vault → Manage/Choose]로 들어가 공유받은 원격 볼트를 연결하면 됩니다.

하지만 다른 협업 도구와는 달리 옵시디언은 '권한'을 세부적으로 설정하는 기능을 제공하지 않습니다. 예를 들어 협업 대상자가 원격 볼트의 특정 파일을 수정할 수 없게 하는 권한 설정 기능은 없습니다. 실시간 수정 기능도 없기 때문에 같은 파일을 같이 수정할 수 있지만 다른 사용자가 파일의 어디를 수정하고 있는지 커서를 표시하거나 댓글을 남기는 기능도 제공하지 않습니다.

▶ 바로 실습   싱크 설정하기

동기화할 원격 볼트를 지정하면 싱크에서 동기화 관련 옵션을 지정할 수 있습니다. [Settings → Sync → Selective Sync]에서 어떤 유형의 파일을 동기화할지 지정할 수 있습니다. 용량 등의 특별한 문제가 있지 않으면 모두 활성화합니다.

Vault configuration sync는 볼트 설정을 어떻게 동기화할지 지정할 수 있습니다. 마찬가지로 특별한 이유가 없다면 모두 활성화합니다.

Vault configuration sync

Settings version history
View and restore version history of setting files.
| View |

Main settings
Enable to sync editor settings, files & links settings, etc.

Appearance settings
Sync appearance settings like dark mode, active theme, and enabled snippets.

Themes and snippets
Sync downloaded themes and snippets. Whether they are enabled depends on the previous setting.

Hotkeys
Sync custom hotkeys.

Active core plugin list
Sync which core plugins are enabled.

Core plugin settings
Sync core plugin settings.

Active community plugin list
Sync which community plugins are enabled.

Installed community plugins
Sync installed community plugins (.js, .css, and manifest.json files) and their settings.

 **다른 동기화와 함께 싱크를 사용하지 마세요**

앞으로 설명할 다른 동기화 방법과 함께 싱크 서비스를 사용할 경우 충돌이 일어날 수 있습니다. 따라서 싱크와 다른 동기화 방법을 동시에 사용하지 말 것을 추천합니다. 예를 들어 싱크를 사용하는데 볼트의 저장소를 아이클라우드 드라이브로 사용하면 싱크 동기화와 아이클라우드 동기화가 충돌해 파일이 의도치 않게 변경될 수 있습니다.

🔗 클라우드 드라이브 서비스로 동기화하기 42

싱크는 동기화를 해결하는 가장 편리한 방법입니다. 하지만 결제가 부담스럽거나 클라우드 저장소를 활용하고 싶다면 다른 방법도 있습니다. 다만 직접 동기화를 책임지는 만큼 조금 더 복잡한 과정을 거쳐야 합니다. 다음은 옵시디언에서 공식적으로 안내하는 방법입니다.

데스크톱끼리 동기화

데스크톱끼리만 동기화를 할 경우, 클라우드 드라이브 서비스를 이용하면 됩니다. 드롭박스Dropbox, 구글 드라이브Google Drive, 아이클라우드 드라이브iCloud Drive, 원드라이브OneDrive를 이용할 수 있습니다. 데스크톱용 클라우드 드라이브 서비스를 설치하고 처음 볼트를 생성할 때 해당 클라우드 드라이브에 폴더를 만듭니다. 그리고 다른 데스크톱에서 해당 클라우드 드라이브의 볼트를 열면 사용할 수 있습니다.

경험상 맥OS 유저들은 일반적으로 아이클라우드 드라이브를 사용합니다. 그리고 윈도우 유저들은 원드라이브나 드롭박스를 사용합니다.

아이폰과 아이패드에서 동기화

애플 생태계 유저라면 아이클라우드 드라이브를 활용할 수 있습니다. 아이폰과 아이패드에서 옵시디언을 사용할 때는 볼트를 아이클라우드 드라이브에 생성하도록 설정할 수 있습니다. 또한 아이폰과 아이패드의 옵시디언은 아이클라우드 드라이브의 Obsidian 폴더를 자동으로 인식해 볼트 목록을 갖고 옵니다.

아이클라우드를 사용할 때 주의할 점이 있는데 노트 개수가 많아질수록 아이폰과 아이패드에서 옵시디언 실행이 느려질 수 있습니다. 아이클라우드는 용량 최적화를 위해 사용하지 않는 로컬 파일을 지웁니다. 그런데 옵시디언은 볼트 전체의 노트를 사용하므로 볼트의 지워진 노트를 아이클라우드에서 다시 다운로드합니다. 이 다운로드 과정 때문에 옵시디언 실행이 느려집니다. 이 과정이 불편하다면 특정 노트로 빠르게 접근할 때 다른 마크다운 편집기를 사용해도 됩니다.

커뮤니티 플러그인과 깃 활용하기 43

이 방식은 옵시디언이 공식적으로 안내하는 방식은 아닙니다. 하지만 유저들이 자주 사용하는 동기화 방식입니다. 여러분이 개발자거나 컴퓨터 지식에 익숙하다면 고려해보세요. 공식적으로 권장하는 방식은 아니므로 어떤 상황에서 쓰이는지만 설명하겠습니다.

Remotely Save 동기화

커뮤니티 플러그인 Remotely Save는 다양한 클라우드 저장소 서비스를 이용해 볼트를 원격으로 동기화하는 도구입니다.

Remotely Save INSTALLED

⟱ 390,866
Version: 0.3.40 (currently installed: 0.3.38)
By fyears
Repository: https://github.com/remotely-save/remotely-save
Last update: 3 days ago

Yet another unofficial plugin allowing users to sync notes between local device and the cloud service (S3, Dropbox, webdav, OneDrive).

현재는 드롭박스, 원드라이브(Personal), WebDAV 등이 지원됩니다. WebDAV가 지원되기 때문에 네트워크 연결 스토리지NAS, Network Attached Storage를 구축해서 Remotely Save로 볼트를 저장해도 됩니다. 모바일에서도 동작하기 때문에 안드로이드 유저들도 활용할 수 있습니다.

깃을 활용한 동기화

옵시디언의 볼트는 주로 마크다운 파일의 모음입니다. 따라서 대부분 문서 파일이기 때문에 깃git 지식이 있다면 깃을 활용해 동기화를 할 수 있습니다. 이때 사용되는 커뮤니티 플러그인은 Git 입니다.

Git INSTALLED

⬇ 773,855
Version: 2.23.2 (currently installed: 2.22.0)
By Vinzent, (Denis Olehov)
Repository: https://github.com/denolehov/obsidian-git
Last update: 15 days ago

Backup your vault with Git.

과정은 다음과 같습니다.

1. 깃 호스팅 서비스에 저장소를 만듭니다. 일반적으로 깃허브에서 프라이빗 저장소를 만듭니다.

2. 볼트 내에서 깃 설정을 합니다. 터미널에서 볼트 폴더로 들어가서 다음과 같이 깃 명령을 사용합니다

```
git init
git remote add origin "GitHub 저장소 주소"
git add .
git commit -m "initial commit"
git push origin HEAD
```

3. 옵시디언에 Git 플러그인을 설치합니다. Git 플러그인은 정기적으로 또는 특정 이벤트 발생 시 파일을 커밋commit해 푸시push하고 풀pull합니다.

Git 플러그인을 활용한 방법은 모바일에서 사용이 불편할 수 있습니다. 안드로이드와 iOS에서 기본적으로 깃이 제공되지 않기 때문입니다. 따라서 데스크톱끼리 동기화할 때 사용해보세요.

데스크톱과 모바일에서 사용하는 테마를 다르게 하고 싶을 수 있습니다. 사용하는 플러그인이나 설정을 다르게 하고 싶을 수도 있고요. 옵시디언의 모든 설정은 볼트의 .obsidian 폴더에 저장합니다. 따라서 기기별 설정을 다르게 하고 싶다면 옵시디언의 설정 폴더를 기기별로 다르게 하면 됩니다. 예를 들어서 데스크톱에서는 .obsidian-desktop 폴더를 사용하고 모바일에서는 .obsidian-mobile 폴더를 사용하는 겁니다. 그러면 데스크톱과 모바일에서 설정을 분리할 수 있습니다. 이 설정은 [Settings → Files and links → Override config folder]에서 설정할 수 있습니다.

Override config folder		
Use a different config folder than the default one. Must start with a dot.	Relaunch	.obsidian-mobile

만약에 싱크를 사용한다면 [Settings → Sync → Vault configuration sync]에서 옵션을 모두 비활성화한 후 기기별로 설정을 따로 진행하면 됩니다.

리마인드 노트

- 옵시디언에서 가장 큰 난관은 동기화입니다. 금전적 여유가 있고 복삽한 설성을 피아고 싶다면 싱크 플러그인을 추천합니다.
- 싱크 플러그인을 사용하면 옵시디언으로 협업할 수 있습니다.
- 깃, 클라우드 드라이브 등 다양한 방식으로 동기화할 수도 있습니다.

Chapter 13

캔버스로 노트 시각화하기

옵시디언은 다양한 시각화 도구를 지원합니다. 이번에는 노트를 배치해 생각 정리를 도와주는 코어 플러그인 캔버스canvas를 익혀봅시다. **캔버스는 노트를 시각적으로 배치하는 기능입니다.** 크기가 무한한 캔버스에 노트, 이미지, 텍스트를 배치하고 선으로 연결해 관계를 표현할 수 있습니다. 이렇게 시각화된 이미지는 복잡한 정보를 한눈에 파악할 수 있게 도와줍니다.

캔버스의 기본 요소는 카드입니다. 캔버스에 카드를 추가해 배치하고 이 카드를 연결, 그룹화해서 정보의 관계를 표현합니다. 추가할 수 있는 카드 종류는 다음과 같습니다.

- 텍스트
- 볼트 내의 노트
- 첨부 파일(이미지, 오디오)
- 웹페이지

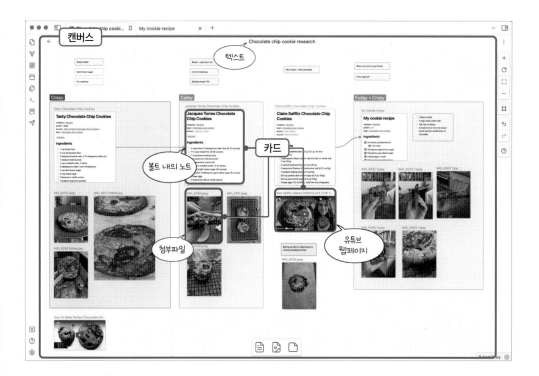

🔗 캔버스와 카드 만들기 ⟨44⟩

▶️ 바로 실습 캔버스 파일 만들어보기

01 캔버스 파일을 만들어보겠습니다. 캔버스 파일은 .canvas 확장자를 갖습니다. 마크다운 파일이 아니기 때문에 노트와는 다른 방법으로 생성합니다. 다음 세 가지 방법 중 마음에 드는 방법을 사용하세요.

1. ⌘ Cmd + P ⊞ Ctrl + P 를 통해 명령어 팔레트를 엽니다. 'Canvas: Create new canvas'를 입력해 캔버스를 생성합니다.

2. 왼쪽 리본 메뉴에서 🔲 을 클릭해서 캔버스를 생성합니다.

3. 다음 그림과 같이 파일 브라우저에서 캔버스 파일을 생성하려는 폴더를 우클릭하고 'New canvas'를 클릭합니다.

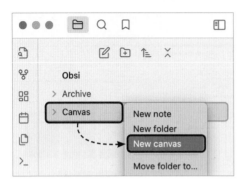

02 캔버스에서 우클릭하여 **[Add ~]** 옵션을 선택하면 카드를 만들 수 있습니다.

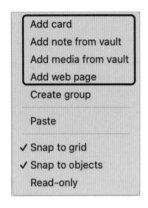

캔버스 화면 밑에 카드를 쉽게 생성할 수 있는 메뉴도 있습니다.

각각 ❶ 텍스트, ❷ 노트, ❸ 첨부 파일을 카드로 추가할 수 있습니다.

또한 파일 브라우저에서 파일을 선택하고 캔버스로 드래그해 볼트 안의 노트나 첨부 파일을 추가할 수 있습니다. 같은 방식으로 다른 캔버스를 캔버스 안에 추가할 수도 있습니다. 웹 URL을 복사하고 캔버스에서 붙여넣으면 웹 페이지를 추가할 수도 있습니다.

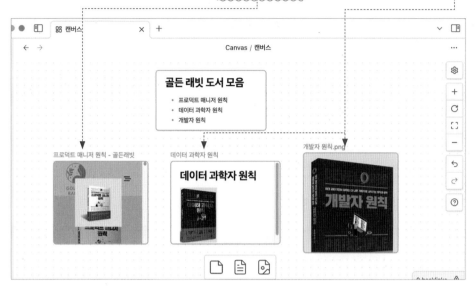

03 생성한 카드는 직관적으로 수정할 수 있습니다. 카드를 드래그해 위치를 이동하거나, 카드의 모서리나 꼭지점을 드래그해 크기를 조정하고 카드를 선택하면 위에 뜨는 버튼 메뉴 중 ⊕를 클릭해 카드의 색상을 선택할 수 있습니다.

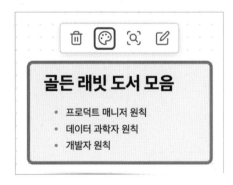

🔗 내비게이션 조작하기 ⟨45⟩

캔버스에 새로운 카드를 추가하면 사방으로 공간이 늘어나기 때문에 화면을 조작하는 방법도 익혀두면 좋습니다.

▶ 바로 실습 　캔버스 화면 이동하기

캔버스 화면에서는 Space 키를 누른 상태에서 마우스를 드래그하여 화면을 이동할 수 있습니다. 마우스 휠 스크롤로 세로 방향으로 움직일 수 있으며 Shift 를 누른 후 휠 스크롤을 움직이면 가로 방향으로 움직일 수 있습니다.

▶ 바로 실습 　화면 확대, 축소하기

화면 확대/축소는 🍎 Cmd ⊞ Ctrl 을 누른 후 마우스 휠 스크롤로 할 수 있습니다. 또는 캔버스 오른쪽 메뉴로 화면의 확대/축소가 가능합니다.

▶ 바로 실습 　화면 자동 정리하기

선택한 카드들에 맞춰서 화면 이동 및 확대 축소도 가능합니다.

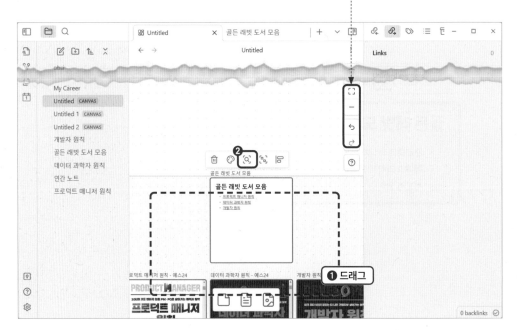

❶ 화면 중앙에 둘 카드들을 드래그해 선택한 후 ❷ 🔍 버튼을 클릭하면 해당 요소에 맞게 화면이 이동 및 확대/축소됩니다.

그러면 다음과 같이 캔버스 가운데에서 모든 카드를 한눈에 볼 수 있게 정렬됩니다.

🔗 카드 연결하고 그룹화하기 ◀46

카드 간 관계를 표현하기 위해 화살표로 연결하거나 관련이 있는 카드끼리 그룹화할 수 있습니다. 카드가 많아질수록 유용하게 사용할 기능입니다.

▶ 바로 실습 화살표로 연결하기

01 카드의 모서리 가운데에 마우스를 올리면 ❶ 동그란 스냅이 뜹니다. 이를 드래그해 다른 카드의 모서리로 옮기면 해당 방향으로 화살표가 생성됩니다. 카드의 위치를 옮기면 화살표도 거기에 맞춰서 변형됩니다.

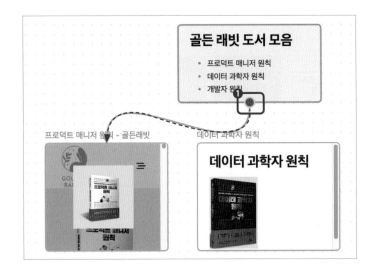

02 화살표를 더블 클릭하면 화살표에 텍스트를 입력할 수 있습니다. 카드 간 관계를 설명할 때 주로 사용합니다.

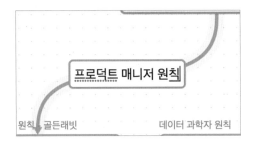

03 화살표의 색상을 지정할 수 있습니다. 카드 색상 지정과 마찬가지로 화살표 선택 시 위에 뜨는 버튼 메뉴 중 ⊕를 클릭해 화살표의 색상을 지정합니다.

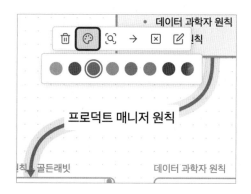

04 화살표 선택 시 위에 뜨는 버튼 메뉴 중 → 를 클릭하면 화살표의 방향성을 지정할 수 있습니다.

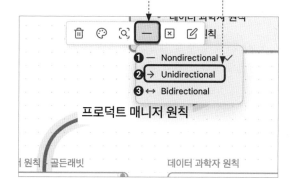

❶ 무방향, ❷ 단방향, ❸ 양방향의 세가지 유형을 선택할 수 있습니다.

01 캔버스에서 우클릭해 ❶ [Create group]을 눌러 새로운 그룹을 생성합니다. ❷ 그룹의 이름
을 지정하고 노트들을 해당 그룹 안으로 드래그 앤 드롭해 관련된 노트를 모을 수 있습니다.

다른 방식으로는 그룹화하고 싶은 노트를 모두 드래그해 선택한 후 우클릭해서 **[Create
group]**을 누르면 자동으로 선택한 노트를 그룹화할 수 있습니다.

02 그룹 역시 카드와 화살표처럼 선택 후 ⊕를 통해 색을 지정할 수 있습니다. 또한 버튼 메뉴
중 ⼝를 통해 통해 그룹 안 카드의 정렬과 배치를 지정할 수 있습니다.

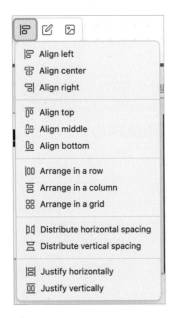

03 그룹의 이름은 그룹 왼쪽 위의 그룹 이름을 더블 클릭해 수정할 수 있습니다.

🔗 캔버스 이미지로 활용하기 ⁴⁷

열심히 그린 캔버스를 이미지 파일로 만들어서 공유하거나 발표에 사용할 수도 있습니다. 이미지는 png 파일로 저장됩니다.

▶️ 바로 실습 캔버스 파일 이미지로 내보내기

01 캔버스 오른쪽 위의 ⋯ 를 누르고 [Export as image]를 클릭합니다.

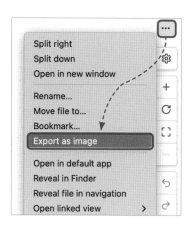

02 어떻게 이미지를 내보낼지 설정하고 [Save] 버튼을 눌러 이미지 파일 저장 위치를 선택합니다. 파일 위치와 파일 이름을 정하면 설정대로 이미지 파일이 만들어집니다.

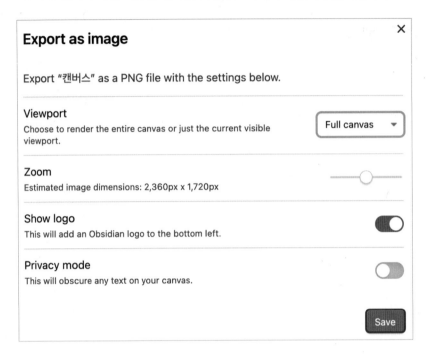

주요 설정의 내용은 다음과 같습니다.

Viewport   캔버스 전체를 내보낼지 현재 화면만 내보낼지 지정합니다. 전체를 내보내려면 [Full canvas]를 선택하고 현재 화면만 내보내려면 [Viewport only]를 선택하세요.

Zoom   기본 크기 대비 얼마만큼의 비율로 확대/축소를 할 것인지 정합니다.

Show logo   활성화하면 이미지 왼쪽 아래 옵시디언 로고가 들어갑니다.

 **캔버스 파일은 JSON 형식으로 저장됩니다**

캔버스 파일의 확장자는 .md가 아니라 .canvas입니다. 이 파일을 메모장 등으로 실행하면 JSON 형식으로 저장된 것을 확인할 수 있습니다. JSON이란 데이터를 표현하는 방식 중 하나입니다. 옵시디언에서는 이를 JSON Canvas라고 하며, 다른 앱이나 개발 도구에서 사용할 수 있게 적극 지원하고 있습니다. 옵시디언뿐만 아니라 다른 곳에서 JSON Canvas를 사용하는 것에 관심이 있다면 jsoncanvas.org 링크를 참고해 보세요.

⌐ 리마인드 노트

- 노트나 정보의 관계를 다이어그램으로 나타내고 싶을 때, 코어 플러그인 '캔버스'를 활용합니다.
- 캔버스에는 텍스트, 노트, 첨부 파일, 웹 페이지 등 다양한 요소를 추가하고 그룹화할 수 있습니다.
- 캔버스의 확장자는 .md가 아니라 .canvas이기에 마크다운과는 다르게 동작합니다.

Chapter 14

엑스칼리드로우로
다이어그램 그리기

엑스칼리드로우Excalidraw는 손으로 그린 듯한 느낌으로 다이어그램을 쉽게 만들 수 있는 커뮤니티 플러그인입니다. 복잡한 개념을 시각화하거나, 아이디어를 자유롭게 스케치하기 좋습니다. 언뜻 보면 캔버스와 유사해보이지만 노트의 배치만 가능한 캔버스보다 더 다양한 다이어그램을 그릴 수 있습니다. 이러한 장점 때문에 집필 시점 기준 커뮤니티 플러그인 다운로드 횟수 1위를 차지하고 있습니다.

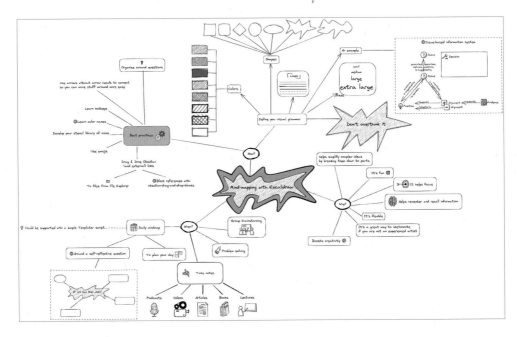

🔗 엑스칼리드로우 시작하기 48

🖰 바로 실습 엑스칼리드로우 설치하고 파일 만들기

01 엑스칼리드로우는 커뮤니티 플러그인이므로 설치가 필요합니다. [Settings → Community plugins → Browse]에서 영문으로 'Excalidraw'를 검색해 설치한 후 활성화해주세요.

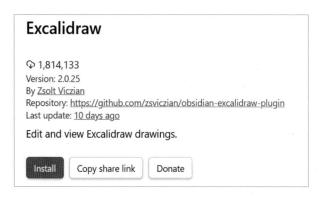

> 🖱 **TIP** 엑스칼리드로우는 웹에서 단독으로 사용할 수도 있습니다. 엑스칼리드로우 스타일의 드로잉 툴이 맘에 들어서 사용하고 싶다면 구글에 Excalidraw를 검색해보세요.

02 엑스칼리드로우는 전용 파일에서 사용할 수 있습니다. 리본에서 ✘ 를 클릭하면 새로운 엑스칼리드로우 파일이 생성되면서 열립니다.

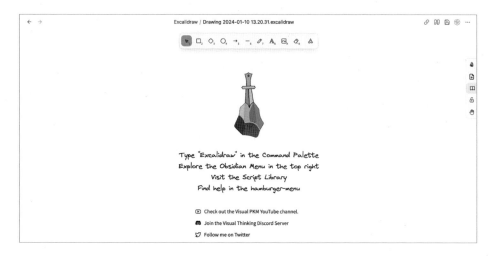

리본 말고도 명령어 팔레트에 'Excalidraw: Create new drawing'을 입력하면 엑스칼리드로우 파일을 만드는 더 다양한 옵션이 뜹니다. 'and embed into active document'가 포함된 명령어를 선택하면 엑스칼리드로우 파일을 만들고 작성 중인 현재 노트에 첨부할 수도 있습니다.

excalidraw: create new drawing

Excalidraw: Create new drawing - IN A NEW TAB

Excalidraw: Create new drawing - IN A POPOUT WINDOW

Excalidraw: Create new drawing - IN AN ADJACENT WINDOW

Excalidraw: Create new drawing - IN THE CURRENT ACTIVE WINDOW

지금 열린 노트에
임베딩하는 옵션들

Excalidraw: Create new drawing - IN A NEW TAB - and embed into active document

Excalidraw: Create new drawing - IN A POPOUT WINDOW - and embed into active document

Excalidraw: Create new drawing - IN AN ADJACENT WINDOW - and embed into active document

Excalidraw: Create new drawing - IN THE CURRENT ACTIVE WINDOW - and embed into active document

↑↓ to navigate   ↵ to use   esc to dismiss

이처럼 다양한 방식 중 자주 사용하는 명령어를 단축키로 지정해서 사용해도 유용합니다.

03 엑스칼리드로우의 공식 도움말이나 단축키를 알고 싶다면 왼쪽 아래 ≡ 버튼을 누르고 **[Help & Issues]**를 통해 확인할 수 있습니다.

04 생성한 엑스칼리드로우 파일은 기본적으로 볼트 폴더에 생성됩니다. 엑스칼리드로우 파일이 생성되는 기본 위치를 바꾸고 싶다면 **[Settings → Excalidraw → Basic → Excalidraw folder]**에서 원하는 폴더를 지정하면 됩니다.

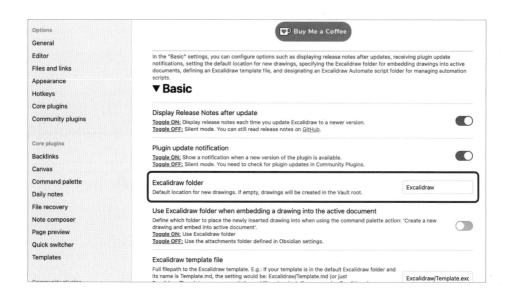

엑스칼리드로우가 저장되는 방식

복잡한 다이어그램을 그릴 수 있는 엑스칼리드로우는 의외로 마크다운 파일로 저장됩니다. 명령어 팔레트에 'Excalidraw: Toggle between Excalidraw and Markdown mode'를 입력하면 마크다운 내용을 볼 수 있습니다. 동일한 명령으로 원래대로 돌아올 수 있습니다.

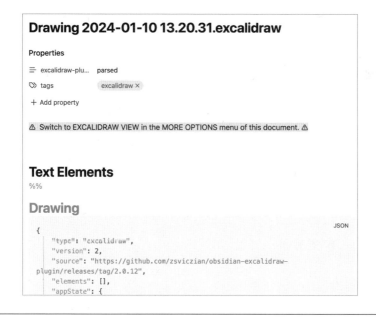

⊘ 다이어그램 그리고 편집하기 49

엑스칼리드로우의 가장 핵심 기능인 드로잉부터 알아보겠습니다.

위의 메뉴바를 보면 사각형, 다이아몬드, 타원, 화살표, 선, 펜 등이 있습니다. 도형 아래 숫자는 단축키를 의미합니다. 예를 들어 **1**을 누르면 기본 선택 모드가, **2**를 누르면 사각형이 선택됩니다.

▶ 바로 실습 다이어그램 그리기

01 **먼저 기본 도형인 사각형, 다이아몬드, 타원을 그려보겠습니다.** 메뉴바에서 사각형, 다이아몬드, 타원을 선택하거나 단축키 **2**, **3**, **4**를 누릅니다. 만약 가로와 세로를 같게 하려면 **Shift**를 누른 상태로 그리면 됩니다.

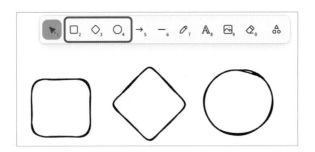

02 **화살표와 선을 그려보겠습니다.** 단축키로는 각각 **5**, **6**입니다. 화살표와 선은 클릭을 통해 꺾이는 지점을 지정하면서 곡선을 만들 수도 있습니다. 그리고 마지막에 지정한 지점을 한 번 더 클릭해 마무리합니다. 완성한 선을 누르면 꺾이는 지점마다 동그란 점이 보일 텐데 이 점을 '피봇 포인트'라고 합니다. 가로 또는 세로 축에 평행한 직선을 그리고 싶다면 **Shift**를 누른 상태로 그리면 됩니다.

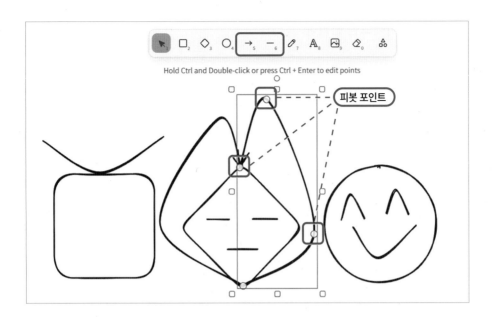

03 **마지막으로 펜을 눌러서 자유롭게 손그림을 그릴 수 있습니다.** 그리다 보면 미묘하게 선의 굵기가 다를 겁니다. 느리게 드래그하면 선의 굵기가 굵어지고 빠르게 드래그하면 선의 굵기가 얇아집니다.

01 다이어그램을 선택하면 크기 변경, 회전을 조작할 수 있는 박스가 뜹니다. 화살표와 선은 피봇 포인트를 움직여서 곡률을 변경할 수 있습니다.

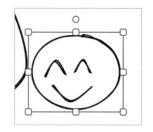

02 다이어그램의 스타일을 바꾸려면 다이어그램을 선택하고 왼쪽 아래 🎨을 누르면 됩니다. 그러면 다이어그램의 스타일을 바꿀 수 있는 메뉴가 뜹니다.

가장 위의 Stroke부터 Opacity까지를 눌러보면 직관적으로 어떤 스타일을 바꾸는지 확인할 수 있습니다. 선의 색, 채우기 색과 형태, 선의 굵기, 휘갈김 정도, 투명도 등을 지정할 수 있습니다. 또한 화살표라면 양 끝점의 화살표 형태를 지정할 수 있습니다.

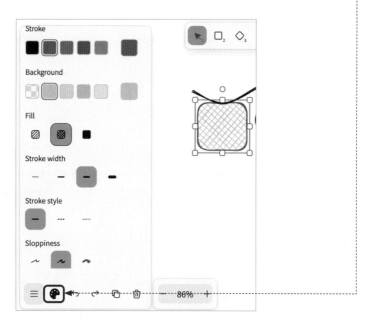

Layers 옵션은 다이어그램이 겹쳤을 때 그 앞뒤 순서를 결정합니다. 왼쪽부터 가장 뒤로 보냄, 한 단계 뒤로 보냄, 가장 앞으로 보냄, 한 단계 앞으로 보냄입니다.

만약 드래그를 통해 여러 다이어그램을 선택했다면 Align 옵션이 추가 표시됩니다. 선택한 다이어그램끼리 정렬을 지정할 수 있습니다. 3개 이상의 다이어그램을 선택하면 배치와 관련된 옵션 2개가 추가됩니다.

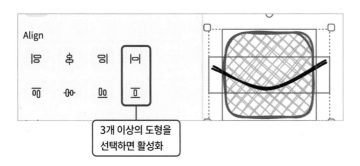

바로 실습 다이어그램 지우기

다이어그램을 지우려면 다이어그램을 선택하고 Backspace 나 Delete 버튼을 누릅니다. 메뉴에서 ◇를 선택한 후 지우려는 다이어그램을 드래그해도 됩니다. 지우개로 지우다가 Opt Alt 키를 누른 채로 잘못 선택한 다이어그램을 다시 드래그하면 지우기를 취소할 수 있습니다.

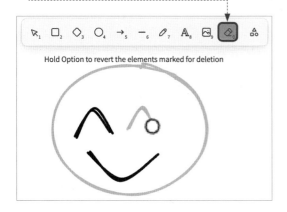

바로 실습 **내비게이션 조작하기**

엑스칼리드로우는 캔버스처럼 크기가 무한합니다. 화면 조작 방법은 캔버스와 똑같습니다. 화면을 이동하려면 Space 를 누른 후 드래그합니다. 혹은 마우스 휠 스크롤로 세로 방향으로 움직이거나 Shift 를 함께 눌러 가로 방향으로 움직입니다.

화면의 확대/축소는 ⌘Cmd ⊞Ctrl 을 누른 후 마우스 휠을 스크롤하면 됩니다. 화면 아래 메뉴의 비율 수치를 바로 조절할 수도 있습니다.

🔗 다이어그램에 각종 정보 넣기 50

단순히 다이어그램을 그리는 것뿐만 아니라, 텍스트, 이미지, 노트 등 여러 정보를 넣어서 가치 있는 시각화 자료를 만들 수 있습니다.

바로 실습 **다이어그램에 텍스트 넣기**

빈 화면을 더블 클릭하거나 메뉴에서 텍스트 버튼 A. 을 누릅니다. 단축키로는 8 입니다. 혹은 사각형, 다이아몬드, 타원, 화살표를 더블 클릭하면 해당 다이어그램 안에 직접 텍스트를 적을 수 있습니다.

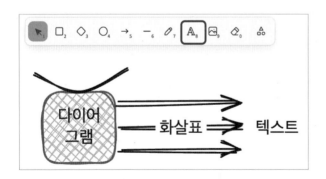

텍스트가 있는 다이어그램 혹은 텍스트를 선택해서 팔레트 버튼을 누르면 해당 텍스트의 색, 폰트 종류, 크기 등 스타일을 지정할 수 있습니다.

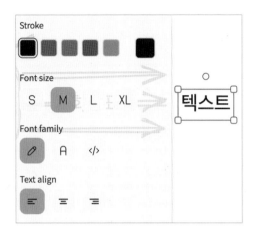

▶ 바로 실습 다이어그램에 이미지 넣기

클립보드에 이미지를 복사해 붙여넣거나 혹은 메뉴에서 🖾 버튼을 눌러 삽입할 이미지 파일을 선택할 수 있습니다. 이미지의 스타일은 투명도만 변경할 수 있습니다.

▶ 바로 실습 다이어그램에 노트 넣기

01 엑스칼리드로우에서도 캔버스처럼 노트를 삽입할 수 있습니다. 화면 오른쪽 메뉴
에서 🗋를 클릭합니다.

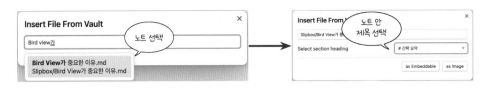

02 볼트 내의 파일을 검색합니다. 삽입하려는 노트를 검색해서 선택합니다. 문서 내용에 제목
마크다운이 있었다면 해당 제목의 내용만 보이도록 선택할 수 있습니다.

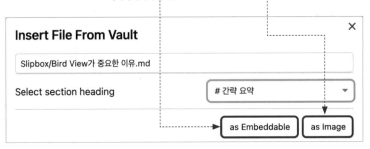

03 그 후 문서의 내용을 첨부할 것인지 혹은 이미지로 넣을 건지 선택합니다.

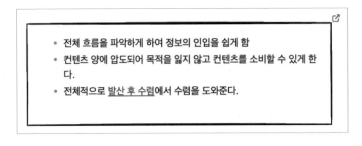

첨부로 넣으면 캔버스에 노트를 추가했을 때처럼 엑스칼리드로우에서 직접 노트 내용을 수
정할 수 있습니다.

- 전체 흐름을 파악하게 하여 정보의 인입을 쉽게 함
- 컨텐츠 양에 압도되어 목적을 잃지 않고 컨텐츠를 소비할 수 있게 한
  다.
- 전체적으로 발산 후 수렴에서 수렴을 도와준다.

01 웹 페이지도 이미지 넣기와 마찬가지로 클립보드에 URL을 복사해 붙여넣으면 자동으로 추가됩니다. 추가된 웹 페이지는 팔레트에서 다양하게 스타일을 지정할 수 있습니다. 다음은 유튜브 URL을 복사해 붙여넣은 결과입니다.

02 위 메뉴의 ❶ ♣ 을 클릭한 후, ❷ [Web Embed]를 선택합니다. 그 후 ❸ 드래그를 해서 Web Embed 사각형을 그린 후 해당 사각형을 선택합니다. 그러면 ❹ 위에 링크를 편집할 수 있는 상자가 뜹니다. 이 상자에서 연결할 URL을 입력해 내장할 웹 페이지를 지정합니다.

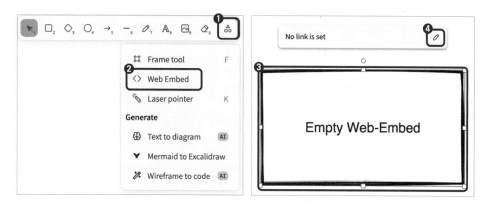

만약 링크 편집 상자가 뜨지 않으면 팔레트가 열려 있는지 확인하고 닫은 후 다시 시도해보세요.

🔗 관련 있는 다이어그램 묶기 51

다른 드로잉 툴과 마찬가지로, 엑스칼리드로우에도 여러 요소를 하나로 묶을 수 있는 기능이 있습니다. 여러 다이어그램을 하나의 다이어그램처럼 다루기 위해 그룹을 사용하거나, 개념이나 아이디어를 묶어 표현하기 위해 프레임을 쓸 수도 있습니다. 프레임으로 묶인 요소들 밖에는 선과 프레임 이름이 생깁니다.

▶ 바로 실습 그룹과 프레임 사용하기

01 먼저 그룹으로 묶어봅시다. 묶으려는 다이어그램을 드래그로 선택합니다. 우클릭한 후 **[Group selection]**을 선택하면 다이어그램이 한 개체처럼 묶입니다. 그룹을 다시 해제하려면 묶어진 그룹을 우클릭 후 **[Ungroup selection]**을 선택합니다.

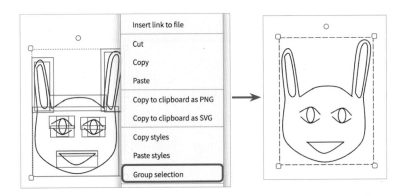

02 프레임으로 묶어보겠습니다. 메뉴의 🔲 에서 **[Frame tool]**을 선택하거나 단축키로 **F**를 누릅니다. 그 후 묶으려는 다이어그램들을 선택하면 프레임이 생성됩니다. 이렇게 프레임이 생성되면 왼쪽 위의 프레임 제목을 더블 클릭해서 프레임 제목을 바꿀 수도 있습니다.

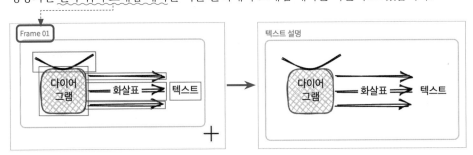

엑스칼리드로우의 고급 기능 알아보기 52

▶ 바로 실습 이미지 내보내기

01 열심히 그린 다이어그램을 이미지로 내보낼 수 있습니다. 명령어 팔레트를 열어서 'Excalidraw: Export Image'를 선택합니다.

02 내보내기 설정 창이 뜨면 설정 값을 조절하고 **[PNG to FIle]**, **[SVG to File]**을 눌러서 이미지 파일로 만들거나 혹은 **[PNG to Clipboard]**를 눌러서 클립보드로 이미지를 복사합니다.

설정값을 자세히 보겠습니다. **Image settings**에서는 이미지 관련 설정을 합니다. 이미지의 범위는 그렸던 전체 다이어그램이 보여지도록 자동으로 지정됩니다.

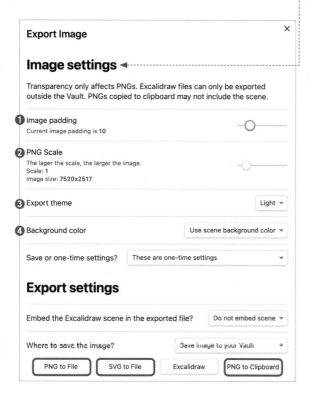

❶ Image padding : 이미지 가장자리의 여백을 의미합니다.

❷ PNG Scale : 확대 정도, 이미지의 크기를 정합니다.

❸ Export theme : 다크모드와 라이트모드 테마를 고를 수 있습니다.

❹ Background color : 배경색 투명 여부를 지정할 수 있습니다. PNG 파일만 배경색을 투명하게 설정할 수 있습니다.

Export settings에서는 내보내기 설정을 합니다. 특별한 이유가 없다면 **[Do not embed scene]**으로 지정해주세요. **[Embed scene]**으로 지정하면 엑스칼리드로우 홈페이지에서 해당 이미지를 불러와 수정할 수 있지만 용량이 많이 늘어납니다.

▶ 바로 실습 레이저 포인터 사용하기

엑스칼리드로우의 내용을 그대로 발표에 활용하고 싶을 수 있습니다. 레이저 포인터를 사용하면 잠깐 빨간 선이 보였다가 사라집니다. 설명하는 부분을 가리킬 때 유용하게 사용할 수 있습니다.

기타 버튼 ⛬ 을 누른 후 **[Laser pointer]**를 선택하거나 단축키 **K**로 사용할 수 있습니다.

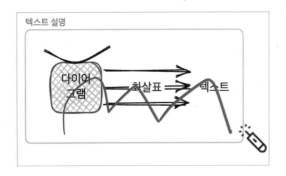

스텐실 라이브러리에서 자료 가져오기

다른 사람들이 사용한 다이어그램을 스텐실 라이브러리에서 둘러보고 가져와 사용할 수 있습니다. 특히 개발 관련 다이어그램이 많기 때문에 개발자라면 소프트웨어 아키텍처 그림을 그릴 때 유용하게 쓸 수 있을 겁니다.

01 스텐실 라이브러리를 사용하려면 오른쪽 메뉴에서 ▥ 눌러 라이브러리 창을 엽니다. 그 후 **[Browse libraries]**를 클릭합니다.

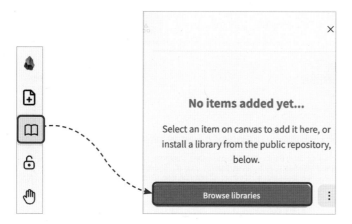

02 다음과 같은 웹사이트가 뜹니다. 쭉 둘러보면서 마음에 드는 다이어그램이 있으면 **[Download]** 버튼을 눌러 파일을 받습니다.

03 다시 옵시디언으로 돌아옵니다. **[Browse libraries]** 옆 ⋮ 을 누른 후 **[Open]**을 누릅니다. 파일 선택창이 뜨면 방금 전에 다운로드한 라이브러리 파일을 선택합니다. 그러면 라이브러리가 등록됩니다.

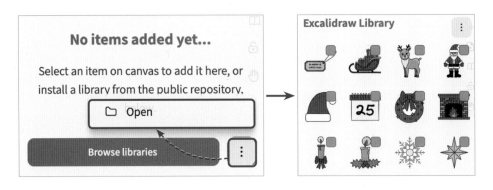

04 원하는 다이어그램을 클릭하여 엑스칼리드로우에 추가할 수 있습니다.

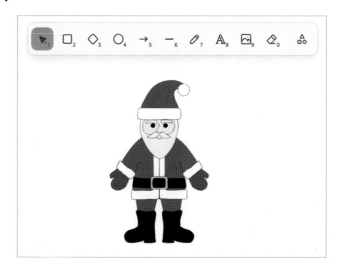

대부분의 옵시디언 사용자는 텍스트 노트를 주로 사용하지만, 다이어그램을 적극 활용해서 개념
과 아이디어를 시각화한 비주얼 노트를 주로 사용하는 사용자도 있습니다. 만약 비주얼 노트 사용
법에 관심이 있다면 엑스칼리드로우 개발자인 Zsolt의 유튜브를 참고해보세요.

🔗 zsolt 유튜브 링크 youtube.com/@VisualPKM

⌐ 리마인드 노트

- 엑스칼리드로우는 자유로운 다이어그램을 그릴 수 있는 플러그인입니다.
- 캔버스는 노트 기반으로 체계적인 다이어그램이 필요할 때, 엑스칼리드로우는 손그림 능 사유로운
  다이어그램이 필요할 때 사용할 수 있습니다.
- 스텐실 라이브러리를 통해 다른 사람들이 만든 다이어그램을 가져오거나 자주 사용하는 다이어그램
  을 등록할 수 있습니다.

Memo

Part
03

생산성 프레임워크로
지식 정보 관리하기

학습목표

옵시디언에 어떤 기능이 있고 무엇을 할 수 있는지 이제 알겠습니다. 하지만 그 기능으로 어떤 내용을 채워야 할까요? 흔히 접할 수 있는 '인생을 바꾸는 노트 템플릿!' 같은 내용은 검증되지 않은 경우가 많죠. 그렇다고 직접 방법을 만들어 쓰는 것은 너무 막연합니다.

다행히도 여러 사람이 연구 끝에 좋은 방법들을 개발했습니다. 이런 방법론들을 PKM personal knowledge management이라 부르며, 개인 지식 관리 용도로 많이 연구되고 있습니다. 여기서는 유명한 노트 정리 방법인 PARA와 메모를 모아 글을 쓰는 제텔카스텐을 알아보고 이를 옵시디언에서 구축해보겠습니다. 옵시디언 사용법을 주로 다루는 이 책에서는 건빵 안의 별사탕과 같은 내용이라 할 수 있겠네요. 최대한 알찬 내용이 되었으면 합니다.

핵심 키워드

#세컨드 브레인 #PARA #제텔카스텐 #생산성 프레임워크

Chapter 15

PARA, 목적을 기준으로 정보와 자료를 관리하기

이번 챕터에서는 티아고 포르테가 제시한 PARA를 알아보겠습니다. 티아고 포르테가 저서 《세컨드 브레인》에서 제시한 PARA는 간단함과 명쾌함 덕에 인기 있는 프레임워크가 되었습니다. 옵시디언뿐만 아니라 다른 노트 앱에서도 사용할 수 있고 심지어 폴더나 파일을 정리할 때도 활용할 수 있습니다. 먼저 PARA가 어떤 방법인지 알아본 다음, 제가 옵시디언에서 사용하는 PARA를 참고하며 '이런식으로 사용하는구나' 감을 잡아보시길 바랍니다.

🔗 PARA 개념 쉽게 이해하기 53

많은 사람이 노트를 주제별로 관리합니다. 마치 도서관에서 책을 분류할 때 300번대는 사회 과학, 400번대는 자연 과학으로 분류하는 것처럼 말이죠. 개발자를 예로 들면, 개발 지식을 정리하는 '프로그래밍' 폴더를 만들고 그 아래에 '파이썬', 'SQL'이라는 세부 주제 폴더를 만드는 방식입니다. 그러면 각 폴더에 파이썬이나 SQL 관련 노트를 채울 것입니다. 노트 앱을 처음 사용할 때 주제별로 폴더를 미리 만들면 뿌듯함도 느껴집니다.

그런데 노트가 쌓일수록 뿌듯함은 짜증으로 바뀌기 쉽습니다. 분류학자처럼 새로운 노트가 어떤 주제에 속하는지 고민해야 하기 때문입니다. 주제별로 분류하려면 기존에 만들었던 모든 주제를 알고 있어야 합니다. 그래서 노트가 늘어나고 주제가 다양해질수록 노트를 관리하기 힘들어집니다.

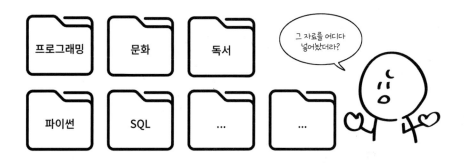

또한 주제가 명확히 구분되지 않거나 주제를 넘나드는 노트도 고민거리입니다. 앞서 예로 든 개발자가 '파이썬에서 SQL 사용법'이라는 노트를 만들면 이를 '파이썬' 폴더에 넣어야 할까요, 아니면 'SQL' 폴더에 넣어야 할까요? 나름의 답이 있을 수 있지만, 이런 상황이 반복될수록 쌓인 노트가 성가시게 느껴질 겁니다. 노트 앱이 문제인가 싶어서 다른 노트 앱으로 이사가거나 노트 전체를 삭제하는 경우도 발생하죠.

그래서 PARA는 노트를 주제가 아닌 목적 기준으로 분류하여 이 문제를 해결합니다. 조금 어려운 말일 수 있는데요. 도서관식 분류가 아닌 부엌식 분류에 비유할 수 있습니다. 부엌에서 요리할 때 음식 재료나 용품들을 '과일', '식기', '고기' 등의 속성(주제)별로 분류해서 배치하지는 않습니다. 당장 내가 요리할 때 필요한 재료와 그릇을 냉장고에서 꺼내오거나 선반에서 가져오죠. 당장 필요한 것은 가까운 곳에 두고 그릇에 재료를 담는 등 조합하기도 합니다. 필요 없어진 재료는 어딘가에 버리거나 제자리에 돌려놓기도 하죠.

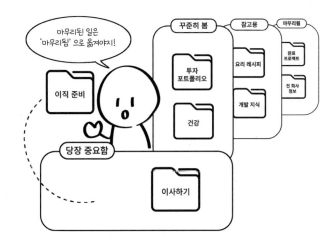

PARA에서 노트 분류도 이와 비슷하게 이루어집니다. 당장 또는 꾸준히 쓸 정보끼리 모으고, 필요할 수도 있는 정보와 더 이상 필요 없는 정보를 따로 모읍니다. 그리고 그 안에서 정보의 목적이 변하면 위치를 옮기기도 하죠. 그래서 원하는 자료를 빠르게 찾을 수 있고 어디에 저장할지 고민하는 시간도 줄일 수 있습니다. 정리의 복잡함이 단순해지죠.

🔗 PARA의 4가지 구성요소 54

PARA는 Project, Area, Resource, Archive 총 4개 폴더로 이루어져 있습니다. 이 4개의 앞 글자를 따서 PARA라 명명되었습니다.

이 4가지 구성요소를 살펴보겠습니다.

P, 프로젝트 폴더

프로젝트project **폴더에는 목표나 기한이 명확한 프로젝트가 들어갑니다.** 완료 기준 또는 데드라인이 있어야 하며, 모든 프로젝트가 아닌 현재 관심 대상인 프로젝트만 포함합니다.

예를 들면 곧 시작하거나 진행 중인 프로젝트만 이 폴더에 넣습니다. 따라서 프로젝트 폴더는 진행 상황을 알려주는 대시보드 역할을 하기도 합니다. "현재 무슨 일을 하고 있나요?"라는 질문을 받으면 이 폴더의 내용으로 설명할 수 있습니다. 프로젝트 폴더에 들어갈 만한 항목은 다음과 같습니다. 개인적인 것과 직업적인 것을 나누어 예시를 들겠습니다.

개인	직업
이사하기	이직 준비
미국 여행	워크샵 준비
다음 블로그 글 포스팅	회사 홈페이지 구축하기
결혼 준비	신규 직원 채용하기
옵시디언 세팅하기	API 추가 개발

A, 에어리어 폴더

에어리어area의 정식 명칭은 Area of Responsibility로, 직역하면 책임의 영역입니다. 프로젝트와 달리 **목표나 기한이 없지만 꾸준히 신경 써야 하는 내용이 들어갑니다.** 완료의 기준이 없는 것들입니다. 에어리어에 속하는 항목은 프로젝트처럼 주의 깊게 살펴볼 필요는 없지만 꾸준한 관리가 필요합니다. 일종의 품질 관리로 볼 수 있습니다. 소홀히 하면 큰일이 닥치거나 원하는 것을 달성할 수 없는 영역들입니다.

개인	직업
집	커리어
가족	우리 팀 HR
투자 포트폴리오	서비스 운영
건강	세무
차량	법무

R, 리소스 폴더

리소스resource에는 말 그대로 참고용으로 쓰일 자료가 들어갑니다. 특별한 목적이나 책임이 없지만 언젠가 쓸 만한 자료나 흥미로운 주제들을 모아둡니다. 쉽게 말해 취미, 지식, 참고 자료 등이 포함됩니다. 리소스 하위 폴더는 주제별로 묶습니다.

개인	직업
참고 자료 (책, 유튜브, 기사)	개발 지식 (커리어 관련 지식)
요리 레시피	회사 오피스 이용법
데이트 코스 아이디어	다른 부서 관련 정보
다이어리	디자인 에셋
노트 템플릿	사업 아이디어

A, 아카이브 폴더

더 이상 필요하지 않은 노트는 아카이브archive로 이동합니다. 쓰레기통과 비슷합니다. 완료된 프로젝트, 더 이상 책임질 필요 없는 에어리어, 관심에서 벗어난 리소스가 아카이브에 들어갑니다. 그러나 바로 다음에 설명할 PARA의 특징인 '유동성' 때문에 아카이브는 중요합니다. 필요한 노트가 언제든 아카이브에서 부활하여 다른 폴더로 이동할 수 있기 때문입니다. 당장은 필요하지 않더라도 나중에 노트가 필요할 수 있으므로 아카이브에 저장해둡니다.

개인	직업
완료된 개인 프로젝트	완료된 회사 프로젝트
전 애인 (...!)	이전 회사 관련 정보
인테리어 (관심 없어진 취미)	들었던 강의
옵시디언 첨부 파일	폐기된 사업 아이디어

PARA를 사용한다고 해서 반드시 PARA의 4개 폴더만 사용해야 하는 것은 아닙니다. 필요에 따라 다른 폴더를 만들어 사용해도 됩니다. 대표적으로 수집함inbox이 있습니다. PARA의 폴더 중 어느 폴더에 들어가야 할지 모르는 노트는 일단 수집함에 넣어둘 수 있습니다. 그리고 추후에 어떻게 활용할지 결정되면 그때 PARA 폴더로 옮기면 됩니다.

🔗 PARA의 특징, 유동적인 노트 위치 55

PARA의 핵심은 노트를 어떻게 쓸지에 따라 노트 위치가 결정된다는 것입니다. 따라서 노트 위치는 언제든 변할 수 있습니다. 어떤 노트가 당장 필요 없어지면 아카이브로 들어갑니다. 리소스에서 평소 취미로 좋아하던 주제의 노트가 프로젝트에서 필요하면 프로젝트로 옮길 수 있습니다. 또 어떤 프로젝트가 성공해서 평생 책임져야 할 일이 될 수 있습니다. 그러면 해당 프로젝트의 일부 노트를 에어리어로 이동시켜 지속해서 관리하면 됩니다. 반대로 에어리어와 관련된 기간 한정 업무가 생겨 관련 업무를 프로젝트화하여 옮길 수도 있습니다.

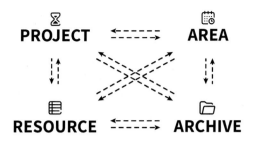

이렇게 노트를 언제든지 옮길 수 있다면 옮기는 작업은 언제 하는 게 좋을까요? 답은 **필요할 때 하면 됩니다.** PARA가 부엌처럼 노트를 관리한다고 했죠? 요리할 때 시간을 정해두고 재료나 식기를 옮기지 않는 것처럼 노트도 필요할 때마다 옮기면 됩니다. 루틴을 세워서 정해진 시간에 노트를 옮기면 오히려 지속적으로 사용하기 어려울 수 있습니다.

 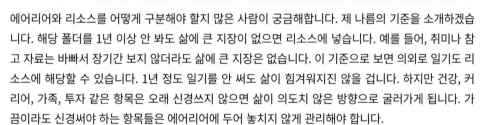

에어리어와 리소스를 어떻게 구분해야 할지 많은 사람이 궁금해합니다. 제 나름의 기준을 소개하겠습니다. 해당 폴더를 1년 이상 안 봐도 삶에 큰 지장이 없으면 리소스에 넣습니다. 예를 들어, 취미나 참고 자료는 바빠서 장기간 보지 않더라도 삶에 큰 지장은 없습니다. 이 기준으로 보면 의외로 일기도 리소스에 해당할 수 있습니다. 1년 정도 일기를 안 써도 삶이 힘겨워지진 않을 겁니다. 하지만 건강, 커리어, 가족, 투자 같은 항목은 오래 신경쓰지 않으면 삶이 의도치 않은 방향으로 굴러가게 됩니다. 가끔이라도 신경써야 하는 항목들은 에어리어에 두어 놓치지 않게 관리해야 합니다.

참고로 에어리어에 직업과 연관된 지식을 넣는 것은 추천하지 않습니다. 직업인으로서 관련 지식을 배우고 정리하는 행위가 책임일 수 있지만 지식 자체가 에어리어에 속하지는 않습니다. 지식이 나의 책임이라면 세상 모든 것이 내 책임으로 돌아가는 셈이니까요. 예를 들면 저는 개발자로 제 커리어를 책임져야 하지만 사용 중인 파이썬을 책임지지는 않습니다. 파이썬을 책임지는 건 제가 아니라 파이썬 소프트웨어 재단입니다.

이제 구분 조건이 조금 더 명확해졌을까요? PARA를 활용하다 보면 여러분만의 기준과 구분 방식이 점차 만들어질 것입니다.

🔗 PARA의 3가지 장점 56

PARA는 굉장히 단순해 보입니다. 폴더 4개로 무슨 효과가 있을까 싶지만 작업 방식이 단순할수록 효과는 강력해집니다. 따라 하기도 쉽고요. PARA는 여러 장점을 가지고 있습니다.

삶의 전반을 파악하는 대시보드

PARA 구성 자체는 훌륭한 대시보드입니다. 따로 작업 상황을 정리하는 대시보드를 만들 필요가 없죠. 현재 진행 중인 사안을 보고 싶다면 프로젝트 폴더를 열면 됩니다. 티아고 포르테가 생산성 컨설팅을 할 때 첫 번째 질문이 "당신이 현재 진행하고 있는 프로젝트를 모두 알려주세요"라고 합니다. 질문을 받은 많은 사람이 어딘가에 적은 프로젝트 목록을 보여주지 않고 머릿 속에서 기억해내 읊는다고 합니다.

이렇게 진행 중인 모든 프로젝트를 외부 시스템에서 관리하지 않으면 인지 자원을 지속해서 소모하게 됩니다. 프로젝트 폴더를 참고하여 진행 중인 프로젝트 수를 알면 새로운 프로젝트 추가 여부를 결정할 수도 있습니다. 이렇게 진행 중인 일의 개수를 제한하는 것을 WIP 제한이라 부릅니다. 또한 최근에 뭔가 소홀히 하는 것은 없는지 체크해보고 싶다면 에어리어 폴더를 열어보면 되겠죠. PARA의 구성이 삶의 전반을 파악하는 데 도움을 줍니다.

명쾌한 노트 관리 시스템

PARA를 사용하면 노트 위치를 고민하는 난이도가 낮아집니다. PARA에서는 목적을 기준으로 노트를 분류하기에 '이 노트가 지금 어떻게 필요할까?'라는 질문으로 위치를 정할 수 있습니다. 프로젝트에 필요한 노트였다면 프로젝트에 들어가면 되고 꾸준히 관리가 필요하다면 에어리어에 들어가면 됩니다. 어떤 주제인지보다 어떻게 필요한지 구별하는 일이 훨씬 쉽습니다.

PARA는 노트를 찾는 난이도도 낮춰줍니다. 노트가 어떤 맥락에서 필요해서 저장했는지 기억을 돌이켜보면 더 쉽게 노트를 찾을 수 있을 겁니다. 예를 들어 오래전 첫 자취를 준비하면서 조사했던 집 목록을 다시 확인하려면 '부동산'이라는 주제보다는 아카이브된 '자취' 프로젝트에서 찾기 쉽습니다. 그 당시 부동산 공부가 아니라 자취할 집을 찾기 위해 알아본 정보니까요.

어디서든 쓸 수 있는 범용성

PARA는 툴에 의존하는 시스템이 아닙니다. 여러분이 옵시디언이 아니라 다른 노트 앱을 쓰더라도 PARA는 여전히 유효한 정리 방법입니다. 심지어 PARA는 노트뿐만 아니라 구글 드라이브와 같은 클라우드 드라이브에서 파일을 정리할 때 적용할 수 있습니다. 실제로 티아고 포르테는 PARA를 에버노트에서 사용합니다.

⑤ 성공적인 PARA를 위한 사고방식 57

PARA는 단순히 폴더 분류나 방법을 따라 한다고 성공적으로 도입되지 않습니다. PARA의 목적과 사고방식을 적절히 갖춰야 성공적으로 도입할 수 있습니다. PARA를 사용할 때 명심할 사항들을 알아보겠습니다.

당장의 목적과 연관된 프로젝트가 가장 중요하다

노트 앱의 기능을 소개하는 많은 콘텐츠가 노트 앱을 잘 활용하면 생산성이 높아진다고 합니다. 하지만 냉정히 말해서 노트 앱의 기능을 완벽히 익힌다고 생산성이 높아지지 않습니다. 중요한 것은 생각과 자료 정리를 단순화하고 이런 자료들이 실행으로 이어지게 도와주는 시스템입니다.

PARA는 '정보와 자료를 어떻게 관리할 것인가?'라는 문제를 풀기 위해 등장한 행동 지향적 시스템이었습니다. PARA는 해법으로 '목적을 기준으로 관리한다'를 내놓았습니다. 그렇기 때문에 네 개의 폴더 중 가장 중요한 폴더는 프로젝트입니다. 프로젝트 폴더는 지금 목적과 직결되기 때문입니다.

고민을 최소화한다

시스템이 단순하고 사용하기 쉬워야 생산성이 올라갑니다. 계속 고민에 부딪히면 금방 사용을 중단하게 될 겁니다. PARA에서 노트를 어느 폴더에 둘지 고민을 줄이기 위해 나만의 행동 원칙을 갖고 있는 것이 좋습니다. 노트의 위치가 헷갈리면 PARA순으로 고민하는 것을 추천합니다. 먼저 이 노트가 프로젝트에 속하는지부터 판단합니다. 그 이후, 에어리어, 리소스, 아카이브 순으로 내려가면서 생각하는 겁니다. 이렇게 생각하는 이유는 이 순서가 중요도와 긴급도를 합친 순서이기 때문입니다. 프로젝트에 가까울수록 중요도와 긴급도는 올라가고 아카이브에 가까울수록 중요도와 긴급도는 내려갑니다. 그래서 새로운 노트가 생기면 그 노트는 프로젝트에 속할 확률이 높습니다.

옵시디언 기능을 활용해 요령껏 사용한다

앞서 노트의 위치의 유동성을 설명하면서 에어리어나 리소스의 노트를 프로젝트로 옮기는 상황을 가정했습니다. 하지만 해당 프로젝트가 완료되면 노트를 에어리어나 리소스로 다시 옮기는 귀찮은 상황이 생깁니다.

이런 상황에서 프로젝트에 필요한 에어리어나 리소스 노트의 위치를 프로젝트로 옮기지 않는 것도 방법입니다. 대신 프로젝트의 노트에서 해당 노트를 내부 링크합니다. 그러면 해당 프로젝트 노트에서 필요한 에어리어, 리소스 노트로 빠르게 이동할 수 있습니다. 이처럼 옵시디언에서 제공하는 다양한 기능을 익히면 PARA를 더욱 효과적으로 활용하는 자기만의 노하우를 만들 수 있습니다.

🔖 리마인드 노트

- 노트는 주제보다는 나중에 어떻게 사용될지 목적에 맞게 분류하는 것이 더 쉽고 찾기 편합니다.
- PARA가 여러분에게 꼭 맞는 정답은 아닐 수 있습니다. 다만, 노트를 목적별로 분류하는 모범 사례 중 하나입니다.
- PARA를 사용하다 보면 각 정의로 분류하기 애매한 노트가 나올 수 있습니다. 그럴 때는 프로젝트에 속하는지부터 생각하고, 너무 고민하지 않는 것이 좋습니다.

Chapter 16

옵시디언으로 PARA 세팅하기

설명한 이론대로 옵시디언에서 PARA를 세팅해봅시다. 옵시디언 사용 전 다른 노트 앱을 사용하고 있었다는 가정하에 다른 노트 앱의 노트를 옵시디언으로 가져오는 방법부터 실습해보고 PARA를 세팅하겠습니다. 그리고 현재 제가 실제로 사용하는 PARA를 보여드리겠습니다.

🔗 Importer로 다른 노트 앱에 있는 노트 가져오기 58

Importer는 다른 노트 앱의 노트들을 옵시디언으로 가져오는 커뮤니티 플러그인입니다. 현재 시점에서 옵시디언으로 옮길 수 있는 노트 앱은 다음과 같습니다.

- 애플 노트Apple Notes
- 베어Bear
- 에버노트Evernote
- 구글 킵Google Keep
- 마이크로소프트 원노트Microsoft OneNote
- 노션Notion
- 롬 리서치Roam Research
- HTML과 마크다운 파일

각 노트 앱마다 옮기는 방법은 조금씩 다르지만 핵심은 같습니다. 해당 노트 앱에서 지원하는 내보내기 기능을 이용해 노트를 모두 백업 파일 형식으로 내보냅니다. 그리고 백업 파일을 마크다운 폴더로 변환해 옵시디언 볼트로 옮깁니다.

▶ 바로 실습 노션의 노트를 옵시디언으로 가져오기

이번 파트에서는 Importer를 이용해 노션의 노트를 옵시디언으로 옮기는 과정을 대표로 소개하겠습니다. 다른 노트 앱에서 옮기는 방법을 알고 싶다면 옵시디언 공식 가이드를 참고해주세요.

🔗 Importer 가이드 링크 help.obsidian.md/Plugins/Importer

> 🔥 **TIP** Importer는 옵시디언팀이 관리하지만 커뮤니티 플러그인으로 등록되어 있습니다. 다른 개발자들과 다양한 노트 앱과 호환되는 기능을 함께 만들기 위해 오픈 소스로 공개했기 때문입니다.

01 옵시디언으로 옮기려는 노션 워크스페이스에 접속합니다. 왼쪽 메뉴에서 **[Settings & members]**를 클릭해 노션 설정으로 들어갑니다.

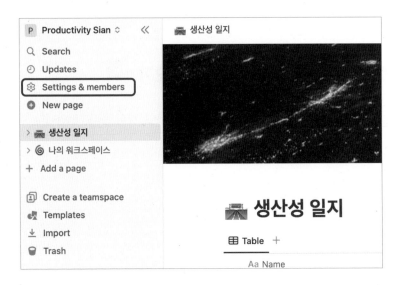

02 [Settings] 메뉴에서 [Export all workspace content] 버튼을 누릅니다.

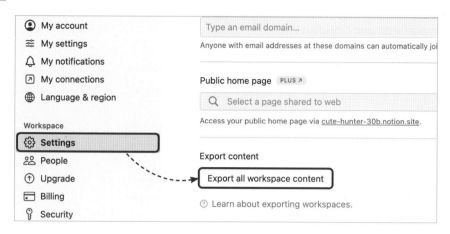

03 Export format을 HTML로 설정합니다. 나머지 옵션은 원하는 대로 지정하면 됩니다. 그 후 [Export] 버튼을 누르면 .zip 파일을 다운로드할 수 있습니다.

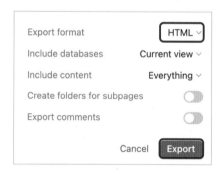

04 옵시디언으로 돌아옵니다. 커뮤니티 플러그인 Importer를 설치합니다. 설치 후 Enable까지 마쳤다면 명령어 팔레트에서 'Importer: Open importer'를 실행합니다.

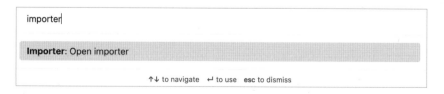

05 Importer 옵션이 뜹니다. 다음 그림과 같이 설정해주세요.

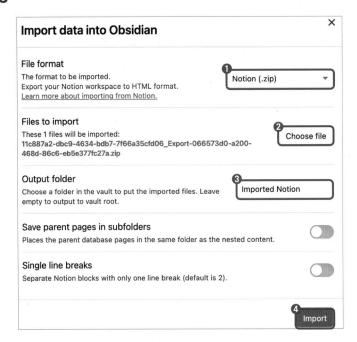

❶ File format은 **[Notion (.zip)]**을 선택합니다.

❷ Files to import에서는 앞에서 다운로드한 zip 파일을 선택합니다.

❸ Output folder의 이름은 'Imported Notion'으로 하였습니다. 이렇게 하면 가져온 노션 노트가 'Imported Notion' 폴더 아래에 생성됩니다.

모든 설정을 마치고 ❹ **[Import]**를 누르면 노션의 데이터가 옵시디언으로 불러와집니다.

06 파일 브라우저에서 'Imported Notion' 폴더 아래에 노션 노트들이 잘 들어갔는지 확인합니다.

텍스트 위주의 노트는 문제없이 가져왔을 겁니다. 다만 노션과 옵시디언의 지원 기능이 다르기 때문에 모든 노트를 정상적으로 가져올 수는 없다는 점을 유의해주세요.

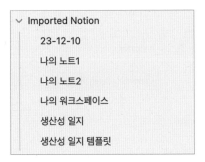

🔗 60초만에 옵시디언에서 PARA 구축하기 🔢59

지금부터 옵시디언으로 PARA를 구축하는 방법을 소개합니다. 바로 앞에서 다른 노트 앱의 데이터를 옵시디언으로 옮겨오는 방법을 소개했습니다. 따라서 여기서는 이미 기존 노트를 갖고 있다는 전제하에 진행합니다. 아직 쌓인 노트가 없다면 PARA 각각의 폴더부터 생성하고 폴더에 맞게 내용을 채워가면 됩니다.

> 🔥 **TIP** 티아고 포르테가 《세컨드 브레인 부스트》(쌤앤파커스, 2024)에서 제시한 '60초만에 PARA 구축하기' 방법을 따릅니다

▶ 바로 실습 옵시디언 노트 PARA로 정리하기

01 아카이브로 쓰일 '4. Archive' 폴더를 만듭니다. 그 후 모든 파일을 아카이브로 옮깁니다. 앞 예시에서 만든 'Imported Notion' 폴더 아래의 내용과 함께 모든 노트를 아카이브로 옮기고 'Imported Notion' 폴더는 삭제합니다. 기존 노트를 모두 아카이브화하고 필요한 노트만 옮기겠다는 의도입니다.

02 첨부 파일 저장용 폴더도 옮겨졌으므로 첨부 파일 위치를 '4. Archive/attachedFiles'로 지정합니다.

> 📎 첨부 파일 지정 방법은 'Chapter 04 옵시디언 기본 세팅하기'를 참고하세요.

03 '1. Projects' 폴더를 만듭니다. 기존 아카이브에 있던 노트에서 프로젝트에 해당하는 노트가 있으면 프로젝트로 옮깁니다.

04 '2. Area'나 '3. Resource' 폴더도 필요하면 생성하고 기존 노트에서 해당하는 것이 있으면 옮깁니다. 이 단계는 선택 과정입니다. 에어리어와 리소스 폴더 생성을 선택 사항으로 둔 이유는 프로젝트만 당장 업무에 필요하기 때문입니다. 에어리어와 리소스는 필요할 때 만들어도 됩니다. 다시 강조하지만 목적과 필요에 따라 노트의 위치가 변하는 것이 PARA입니다.

다른 사람의 노트가 어떻게 구성되어 있는지, 노트를 어떻게 활용하는지 보면 내 노트와 비교해 보고 구체적인 노하우를 얻을 수 있습니다. 제가 지금 쓰고 있는 PARA를 보여드립니다. 저는 PARA를 2년 넘게 사용하고 있어서 안정적인 시스템이라 자부할 수 있습니다.

볼트 구성

제 옵시디언 볼트의 최상위 폴더는 다음과 같이 구성되어 있습니다. 현재 저의 직업은 개발자입니다. 좌측은 개인용 볼트이며, 우측은 회사용 볼트입니다. 볼트 분리 이유는 효율이 아니라 보안상의 이유입니다. 개인 볼트는 동기화를 활발히 하지만 회사 볼트는 동기화를 하지 않고 회사 컴퓨터에서만 사용합니다.

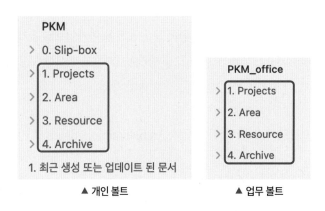

▲ 개인 볼트   ▲ 업무 볼트

개인용이든 회사용이든 같은 체계로 사용한다는 것이 PARA의 장점이기도 합니다. 두 볼트에 모두 PARA가 보이네요. 그런데 개인 볼트에 몇 가지 생소한 폴더와 노트가 보입니다. PARA에 바로 분류하기 애매한 노트나 자주 참고해야 하는 중요한 노트는 최상위 폴더에 둡니다. 보관함과 즐겨찾기 용도로도 활용하는 것이죠.

프로젝트 폴더

프로젝트 폴더에는 현재 진행하는 프로젝트의 목록이 들어갑니다. 프로젝트 폴더 안에는 프로젝트 계획, 관련 자료, 회의록, 진행하면서 느낀 생각을 노트로 작성합니다.

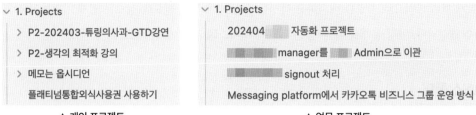

▲ 개인 프로젝트 ▲ 업무 프로젝트

관리할 정보와 자료 양이 많지 않은 프로젝트는 폴더로 만들지 않고 노트 하나를 사용합니다. 개인 프로젝트의 가장 아래 있는 외식권 사용하기 프로젝트처럼요. 사소해보이지만 외식권 사용 가능한 맛집 정보부터 가격까지 조사해 의사결정을 해야 하는 엄연히 복잡한 프로젝트랍니다.

에어리어 폴더

책임지고 꾸준히 신경쓰는 것들이 들어있습니다. 아마 여러분이 책임지는 것과 비슷하지 않을까 싶습니다. 건강, 투자, 집, 성격, 커리어 관련 폴더가 있습니다. 회사용 볼트에는 책임지고 있는 제품, 서비스들이 적혀 있습니다.

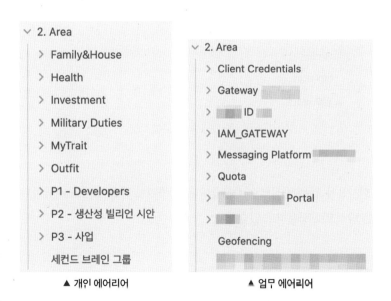

▲ 개인 에어리어 ▲ 업무 에어리어

만약 회사 대표가 '무엇을 담당하고 있습니까?' 물으면 이 폴더를 보여주면 되고, 퇴사를 할 때 이 폴더를 참고하면 쉽게 인수인계 자료를 만들 수 있을 겁니다. 공식적인 회사 위키나 문서랑 다르게 편한 방식으로 자료를 배치하고 작성할 수 있기 때문에 필요한 정보를 쉽게 기록하고 참고할 수 있습니다. 아직 공개를 할 수 없는 제품과 서비스의 개선 아이디어도 적기 좋죠.

리소스 폴더

리소스 폴더에는 관심 있는 주제, 취미, 다이어리, 설정, 자료 파일이 있습니다. 회사용 볼트에는 참고할 필요가 있지만 책임지지 않는 것들이 들어갑니다. 오피스 사용 방법, 업무 방식, 다른 팀 관련된 정보나 회의록 등이 해당됩니다.

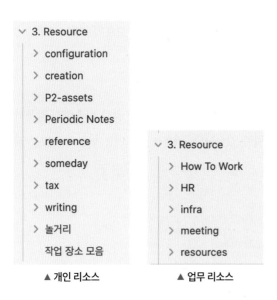

▲ 개인 리소스   ▲ 업무 리소스

아카이브 폴더

아카이브 폴더는 개인용과 회사용을 같은 방식으로 사용합니다. 아카이브 활용 방식도 사람마다 다르겠지만 저는 다음과 같은 방식으로 사용하고 있습니다.

❶ **Archived Projects** : 완료되거나 관심이 없어진 프로젝트를 넣습니다.

❷ **Archived Area and Resource** : 필요 없어진 에어리어와 리소스를 넣습니다.

❸ **attachedFiles** : 첨부 파일을 저장하는 폴더입니다.

❹ **DeepArchive** : 삭제 여부가 애매한 노트들은 이곳에 모아둡니다. 사실상 삭제의 용도로 쓰고 있습니다.

어떤가요? 각 노트의 내용은 보지 않고 폴더 구성과 목록을 확인하기만 했는데 제가 어떤 일을 하는 사람이고 무엇에 신경 쓰고 무엇에 관심 있는지 그려지지 않나요? 이렇게 PARA는 폴더 분류 자체만으로 내 삶의 대시보드가 되어줍니다.

⌙ 리마인드 노트

- Importer 플러그인으로 다른 노트 앱에 있는 노트를 옵시디언으로 가져올 수 있습니다.
- PARA에시 가장 중요한 깃은 **프로젝트**입니나. 시간이 없어 다른 폴더는 놓치더라도 프로젝트 폴더만큼은 관리되어야 합니다.
- 보안이 중요하여 클라우드 기반 노트 앱을 회사에서 사용할 수 없다면 옵시디언은 좋은 선택이 될 수 있습니다. 회사에서는 볼트를 분리하여 동기화하지 않고 사용할 수 있기 때문입니다.

Chapter 17

제텔카스텐, 연결을 통해 지식과 아이디어 관리하기

제텔카스텐Zettelkasten은 지식 및 아이디어를 관리하는 방식입니다. 작은 단위의 노트를 만들고 그 노트를 연결해가며 생각을 발전시키는 방식이죠. 제텔카스텐은 옵시디언만의 매력을 가장 잘 보여주는 부분이기도 합니다. 제텔카스텐을 구축하기 위해 옵시디언을 시작하는 사람도 많죠.

제텔카스텐을 설명하는 대부분의 콘텐츠는 제텔카스텐의 시초로 보는 독일 사회학자 니클라스 루만의 이야기로 시작합니다. 평범한 사람이었던 니클라스 루만이 제텔카스텐 덕에 많은 책과 논문을 쓴 사회학자가 되었다는 이야기죠. 하지만 이 책에서는 특정 인물의 성과에 집중하기보다는 이 방법이 왜 필요하고 어떻게 활용하면 좋을지에 초점을 맞춰 설명하겠습니다.

🔗 제텔카스텐이 필요한 이유, 상향식 지식 관리 `61`

제텔카스텐이 무엇인지 알아보기 전에 왜 이 방법이 우리에게 필요한지부터 이해해봅시다. 사실 앞서 PARA 설명에는 한 가지 모순이 있었습니다. PARA의 핵심 아이디어는 노트 분류의 기준을 주제가 아닌 목적으로 삼아 생산성을 높이는 것이었습니다. 안 그러면 노트 분류를 위해서 주제를 모두 알고 있어야 하고, 주제 간 넘나드는 노트의 분류가 곤란해진다고 했죠. 그런데 사실 목적별로 분리한 폴더 안에서는 다시 주제별로 분류해야 하는 경우가 있습니다. 바로 리소스 폴더 때문에 그렇습니다. 주제별 관리를 무조건 피해야 하는 건 아닙니다. 다만 모든 노트를 주제별로 관리하기가 어렵다는 거죠. 학교처럼 커리큘럼이 상세하게 짜여진 곳에서는 과목별로 노트를 관리할 수 있습니다. 하지만 졸업하고 나면 이제부터 어떤 지식을 습득할지는 개인의 자유입니다. 삶에서 대부분의 지식 활동은 커리큘럼을 따르는 것처럼 하향식으로 이루어지지 않습니다. 반대로 우연, 창발, 귀납이 큰 부분을 차지하죠. 코끼리를 볼 수 없어도 부분 부분 더듬어 가며 코끼리의 전체 생김새를 추측하듯 우리는 세상을 상향식으로 배우고 깨닫습니다.

여러분이 이 책을 골라 옵시디언을 배우기로 결정할 때도 하향식 과정은 아니었을 겁니다. "내가 지식 노동자로써 경쟁력을 기르기 위해선 생산성을 높여야 해. 생산성을 높이기 위한 도구로 옵시디언이 적합해 보여. 최적의 학습 계획은 옵시디언과 제텔카스텐을 잘 설명하는 이 책으로 배우고 생각 정리와 확장에 적용하는 거야. 그러면 나는 지식 노동자로써 더욱 경쟁력이 생기겠지"라는 식의 사고를 하진 않았을 겁니다. 그보다는 우연에 가까운 사소한 이유로 책을 선택했겠죠.

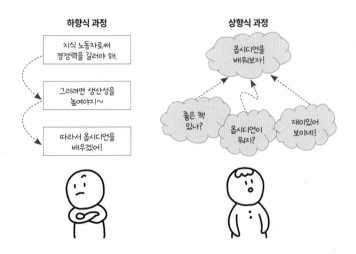

지식 활동의 핵심은 글쓰기입니다. 새로운 지식을 창출하여 논문으로 발표하는 것부터, 기존 지식을 블로그에 정리하는 것까지 모두 글쓰기에 해당합니다. 글쓰기는 중요한 지식 활동이므로 학교에서도 열심히 가르칩니다. 그런데 학교에서 가르치는 글쓰기 방식은 하향식입니다. 주제를 정하고, 자료 조사를 한 뒤, 주장에 맞게 개요를 짜고 문단과 문장 순으로 쓰죠.

그런데 앞서 말했듯이 지식 활동은 대부분 창발적입니다. 글쓰기를 할 때도 이런 상황이 많지 않나요? 서점을 걷다가 눈길을 끄는 책이 있어 고릅니다. 내용이 괜찮아서 밑줄도 긋고 메모도 합니다. 그 후 길을 걷다 특이한 아이디어와 함께 책 내용이 문득 떠오릅니다. 책 내용과 평소 가지고 있었던 생각이 연결되는 거죠. 시간이 지나 나만의 독특한 관점을 지닌 그 생각을 사람들에게 알리고 싶어집니다. 블로그 포스팅을 해보려는데 어떤 책의 어떤 구절이랑 내 생각이 관련 있는지 기억이 안 납니다. 애써 기억을 더듬어 글로 표현하려 해도 백지에 쓰려고 하니 막막합니다. 역시 글쓰기는 어렵습니다. 하지만 무엇보다 안 좋은 건 한 번의 번뜩임에서 생각을 더 발전할 수가 없다는 겁니다.

이를 해결하기 위해선 평소 노트를 작성하며 생각을 모아갈 필요가 있습니다. 읽는 자료에 대한 나만의 생각을 적어두는 독서 노트를 만드는 거죠. 그리고 독서 노트의 내용과 내 생각을 적은 노트를 연결합니다. 그러면 생각과 생각을 연결해서 나만의 아이디어와 관점을 얻을 수도 있습니다. 이런 과정이 반복되면 노트가 거대한 거미줄처럼 형성될 겁니다.

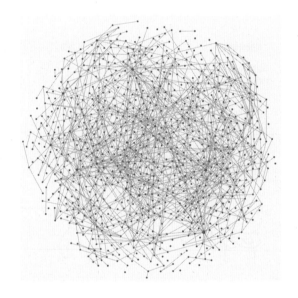

특정 주제나 주장과 연관된 노트가 충분히 쌓였다면 이 노트를 글쓰기뿐만 아니라 학습에도 사용할 수 있습니다. 맥락을 이해하고 개념 간 연결을 파악하면 깊이 있는 학습이 가능합니다. 단순 암기는 어렵고 오래가지 않지만 맥락과 원리를 이해하면 장기간 기억하기도 수월해집니다. 책을 읽고 내용만 요약한 독서 노트는 금방 잊히지만 책과 나의 상황, 생각을 연결하고 활용 방안을 고민한 기록은 오래 기억될 수 있습니다.

이런 생각, 아이디어, 자료를 적고 연결한 노트는 앞서 소개한 PARA로 해결하기엔 곤란합니다.

우연히 접한 자료와 자연스럽게 떠오른 생각을 담은 노트는 PARA에서 노트를 분류할 때의 질문인 '이 노트가 지금 어떻게 필요한가?'에 답할 수 없는 노트들입니다. 그렇다면 새로운 방법을 찾아야겠지요.

🔗 제텔카스텐의 개념 쉽게 이해하기 62

《제텔카스텐 : How to take smart notes》 저자 숀케 아렌스가 유행시킨 제텔카스텐을 소개하겠습니다. 제텔카스텐은 독일어입니다. '제텔'은 메모를, '카스텐'은 상자를 의미합니다. 직역하면 메모 상자죠. 영어로는 Slip box라고 표현합니다. 제텔카스텐의 창시자인 니클라스 루만이 사용한 제텔카스텐은 다음 그림같은 메모 상자에 수많은 메모를 모아 글을 작성했습니다. 숀케 아렌스의 제텔카스텐은 이 방법을 연구하여 대중적으로 쉽게 사용할 수 있게 가이드라인을 제시했습니다.

제텔카스텐은 학생, 교수, 비소설 작가의 글쓰기 프레임워크로 소개되었습니다. 일반적으로 논문, 블로그 포스트, 아티클, 기술 문서를 작성할 때 도움을 받을 수 있습니다. 하지만 방법의 원리가 단순하고 활용 방안이 많기 때문에 비문학 글쓰기뿐만 아니라 문학 창작, 공부한 내용을 정리하는 데에도 사용할 수 있습니다.

제텔카스텐은 평소에 남긴 메모를 모아서 생각을 발전시키고 최종으로 글쓰기를 하는 방식입니다. 일반적으로 학교에서 배우듯 주제를 먼저 정하고 글감을 모으는 하향식 글쓰기가 아니라 글감(메모)에서 시작하는 상향식 글쓰기입니다. 물론 제텔카스텐을 활용해도 최종 글쓰기는 주제 → 개요 → 문단 → 문장 순서로 진행될 겁니다. 다만 기존 메모가 있기에 쉽게 주제를 도출할 수 있고 문단과 문장이 어느 정도 준비된 상태에서 글쓰기를 시작하죠. 백지에서 시작하는 것보다 훨씬 쉽게 글을 쓸 수 있을 겁니다.

원리 자체는 간단하지만 제텔카스텐은 PARA보다 실천하기에 난이도가 높은 방법론입니다. PARA는 폴더만 잘 구분해도 제대로 활용하는 느낌을 주지만 제텔카스텐은 활용의 효과를 느껴 지기까지 시간이 오래 걸립니다. 노트가 상당히 축적되어야 제대로 된 효과가 나타나기 시작하거 든요. 또한 생각과 생각이 연결되는 창의적인 활동을 요구하기도 합니다. 그래서 특히 다음과 같 은 분들에게 유용합니다.

- 단순 매뉴얼, 설명문이 아닌 고도화된 글쓰기 능력이 필요한 직종
- 생각과 아이디어가 풍부하고 추상화 능력이 뛰어난 사람 또는 즐기는 사람

단적으로 말하자면 공부를 즐기고 깊이 사고하는 것을 좋아하는 분들에게 적합합니다. 이 책을 읽 는 독자라면 이미 이러한 성향을 가졌을 확률이 높을 겁니다.

비록 조금 어렵지만 머리 밖에서 자료와 생각을 연결하고 이를 발전시키게 도와주는 방법론은 현 재로써는 제텔카스텐이 유일합니다. 따라서 단기간에 효과를 못 보더라도 인내심을 가지고 계속 적응하길 바랍니다. 흐름만 잡으면 학습 효과도 높아지고 생각이 연결되는 쾌감을 느끼게 하는 너 무나도 재밌는 프레임워크입니다. **PARA가 주었던 쾌감이 명쾌함이었다면 제텔카스텐이 주는 쾌 감은 재미입니다.**

🔗 제텔카스텐의 두 가지 노트 `63`

제텔카스텐에서 사용되는 노트는 크게 2가지입니다. 영구 보관용 노트와 참고 노트, 이 두 종류의 노트는 각각 다른 보관함에 들어갑니다.

영구 보관용 노트

영구 보관용 노트permanent note**는 생각이나 주장을 완결성 있게 적어둔 노트입니다.** 영구 보관용 노 트는 다음과 같이 작성합니다. 첫째, 하나의 영구 보관용 노트에는 가능하면 한 가지 생각을 기록 합니다. 이렇게 노트별로 생각을 분리하면 영구 보관용 노트를 연결하면서 아이디어를 발견할 수 있습니다. 하지만 하나의 생각만 적기 위해 억지로 노트를 분리할 필요는 없습니다. 노트를 작성

하다 보면 분리 시점과 기준에 대한 자신만의 감을 찾을 겁니다. 둘째, 영구 보관용 노트는 글의 초안에 활용할 수 있게 작성합니다. 너무 자세하게 작성할 필요는 없지만 오랜 시간 후에 읽어도 내용을 이해할 수 있어야 합니다. 마지막으로 영구 보관용 노트라는 이름 때문에 수정하면 안 될 것 같지만 자주 수정해도 됩니다. 처음에는 단편적인 생각을 적은 영구 보관용 노트가 시간이 지나면서 분량이 늘어나거나 반대로 요약되기도 합니다.

다음 그림은 제 영구 보관용 노트 중 일부입니다. 그림을 통해 영구 보관용 노트 작성 방식을 이해해봅시다.

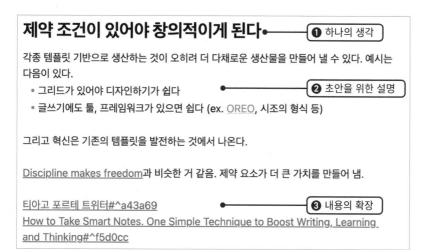

❶ 제약 조건이 있어야 창의력이 발휘된다는 아이디어를 적었습니다. ❷ 나중에 봐도 이해할 수 있도록 디자인과 글쓰기에서의 사례를 추가하고 설명을 덧붙였습니다. ❸ 다른 영구 보관용 노트인 'Discipline makes freedom(훈육이 자유를 만든다)' 노트와 연결하여 생각을 확장했습니다. 그 외에도 다양한 노트를 옵시디언의 링크 기능으로 연결했습니다. 이렇게 글감이 모이면 어느 순간 '나를 제약하지만 나를 더 가치 있게 하는 것들'에 대한 글을 쓸 수 있을 것입니다. 제텔카스텐으로 영감을 만드는 과정이 눈에 그려지나요?

영구 보관용 노트에서 노트 템플릿이나 태그를 사용하겠다면 유의할 점이 있습니다. 템플릿을 사용한다면 '이 생각과 반대되는 생각은 무엇일까?' 등의 질문으로 생각할 거리를 던지거나 가독성 향상 등 보조 수단으로 사용하는 것이 좋습니다. 템플릿이 내용을 억지로 채워야 한다는 부담으로 작용하지 않아야 합니다. 태그를 달 때는 노트의 주제보다 노트를 어떤 맥락에서 활용할 수 있을

지를 고려해보세요. 앞서 예로 든 노트에서 태그를 단다면 **#글쓰기 #템플릿 #제약조건**보다는 '이건 나중에 글로 써야겠다'라는 의미로 **#글감**, '역설적인 생각의 예시로 활용될 수 있겠네'라는 의미의 **#역설**을 달아도 좋겠습니다.

참고 노트

참고 노트reference note, literature note**는 자료를 읽으면서 관심을 끌거나 필요할 것 같은 내용에 내 생각을 담아 적은 노트를 의미합니다.** 책, 논문, 아티클, 유튜브 영상 등 자료의 종류는 상관없습니다. 제목이나 링크 등 해당 자료의 메타 정보와 함께 내 생각을 적으면 됩니다. 이 문단의 첫 문장은 짧지만 중요하기에 다시 한번 나눠서 설명하겠습니다.

참고 노트에는 관심을 끌거나 필요할 것 같은 내용을 적습니다. 모든 내용을 적는 것이 아닙니다. 알차고 배울 것이 많은 책이라면 문단마다 내용을 적겠지만, 책이 단순하고 이미 알고 있는 내용이 대부분이라면 책 전체를 한 문장으로 정리할 수도 있습니다.

또한 참고 노트에는 자신의 생각을 적어야 합니다. 책의 내용을 베껴 쓰거나 요약하는 것이 아닙니다. 방금 접한 내용이 나에게 어떤 의미가 있는지 생각하면서 적습니다. 이 내용을 나중에 어떤 방식으로 쓸 수 있을지, 또 기존의 내 생각이랑 어떻게 연결할 수 있을지 고민해야 합니다.

다음 그림은 크리스 베일리, 《일하는 시간을 줄여드립니다》(알에이치코리아, 2023)를 읽으며 직접 작성한 참고 노트의 일부입니다.

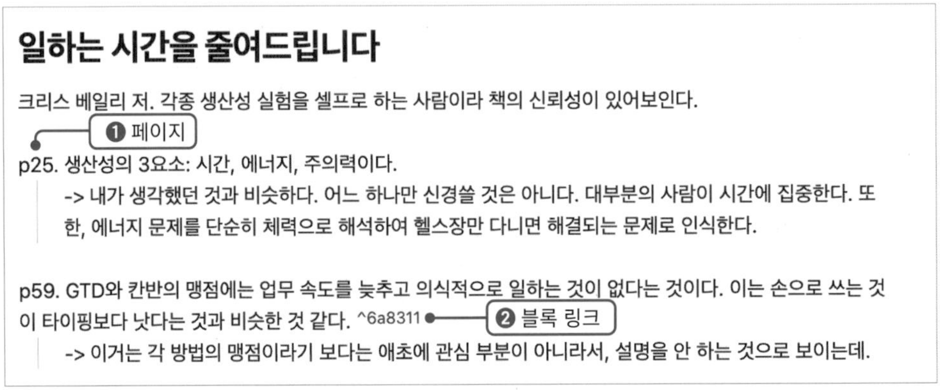

일하는 시간을 줄여드립니다

크리스 베일리 저. 각종 생산성 실험을 셀프로 하는 사람이라 책의 신뢰성이 있어보인다.

❶ 페이지

p25. 생산성의 3요소: 시간, 에너지, 주의력이다.

-> 내가 생각했던 것과 비슷하다. 어느 하나만 신경쓸 것은 아니다. 대부분의 사람이 시간에 집중한다. 또한, 에너지 문제를 단순히 체력으로 해석하여 헬스장만 다니면 해결되는 문제로 인식한다.

p59. GTD와 칸반의 맹점에는 업무 속도를 늦추고 의식적으로 일하는 것이 없다는 것이다. 이는 손으로 쓰는 것이 타이핑보다 낫다는 것과 비슷한 것 같다. ^6a8311

❷ 블록 링크

-> 이거는 각 방법의 맹점이라기 보다는 애초에 관심 부분이 아니라서, 설명을 안 하는 것으로 보이는데.

❶ p는 페이지를 의미합니다. 모든 내용을 기록하기보다는 건너뛰면서 생각 거리가 될 만한 내용

을 적었습니다. 단순 요약뿐만 아니라 제 나름의 생각도 담았습니다. ❷ 각 내용의 오른쪽 블록 링크는 해당 블록과 영구 보관용 노트를 연결했다는 의미입니다.

숀케 아렌스의 제텔카스텐은 학술 분야를 주요 대상으로 만든 프레임워크입니다. 제텔카스텐 원저에서는 참고 노트를 문헌 노트literature note라고 부릅니다. 이 책에서는 딱딱한 어감을 피하고 유튜브 영상이나 기사 등 가벼운 매체도 포함할 수 있도록 '참고 노트'라는 용어를 사용하겠습니다.

🔗 제텔카스텐 실천 5단계 `64`

앞서 PARA와는 다르게 제텔카스텐은 노트 정리를 하는 방법이 아닙니다. 제텔카스텐에는 워크플로, 즉 실천 단계가 있습니다. 평소의 메모 습관이 가장 중요하다는 것을 기억하며 다음 실천 단계를 읽어봅시다.

01 생활하면서 문득 떠오르는 아이디어가 있으면 어딘가에 재빨리 적어둡니다. 종이나 노트 앱 등 매체는 상관없습니다. 원한다면 음성 메모를 활용해 생각을 녹음해도 좋습니다. 이를 임시 메모fleeting note라고 부릅니다. 깔끔히 적을 필요 없이 생각난 것을 잊지 않고 빠르게 적는 것이 중요합니다.

02 평소에 책, 아티클, 논문 등의 자료를 읽으면서 참고 노트를 작성합니다. 단순히 내용을 요약하는 것도 좋지만, 자신의 기존 생각과 어떻게 연결할 수 있을지 고민하며 적습니다. 연관된 생각이 있는지, 뒷받침하거나 반대 주장이 있는지를 생각합니다.

03 시간을 내어 **01**단계와 **02**단계에서 작성한 임시 메모와 참고 노트를 다시 봅니다. 임시 메모의 내용을 참고해 영구 보관용 노트로 발전시킵니다. 또한 참고 노트에 작성한 내용 중 기존 영구 보관용 노트와 연결되는 부분이 있다면 해당 영구 보관용 노트에서 참고 노트를 링크합니다. 새로운 아이디어라면 영구 보관용 노트를 새로 만들 수도 있습니다

04 시간을 내거나 어떤 생각이 떠오르면 영구 보관용 노트를 보면서 제텔카스텐을 더 풍성하게 만듭니다. 영구 보관용 노트를 보면서 할 수 있는 행동은 세 가지가 있습니다.

- **영구 보관용 노트끼리 연결하기** : 서로 관련 있는 노트를 연결하고 어떤 맥락에서 연결했는지 적어도 좋습니다.
- **새로운 영구 보관용 노트 작성하기** : 영구 보관용 노트를 보다 새로운 아이디어가 떠오를 수 있습니다. 이 아이디어를 임시 메모에 적거나 곧바로 영구 보관용 노트로 만듭니다.
- **구조 노트 작성하기** : 구조 노트는 특정 주제나 주장에 대해 하향식으로 노트 링크를 모아둔 노트입니다. 구조 노트는 나중에 참고와 전체 개요를 파악하는 데 필요합니다. 따라서 영구 보관용 노트처럼 내용 작성에 집중하기보다는 노트 연결과 구조화에 집중합니다. 특정 키워드, 주제, 생각 노트를 연결할 때 작성합니다.

05 충분히 영구 보관용 노트가 쌓였다면 특정한 주제로 글쓰기를 할 수 있을 겁니다. 이는 보통 구조 노트에서 시작됩니다. 구조 노트를 활용해 초안을 작성합니다.

제텔카스텐의 워크플로를 요약하자면 **평소에 노트를 꾸준히 모아가며 이를 맥락에 따라 연결하고 정리해두었다가, 어느 정도 임계치에 도달하면 모인 노트를 글의 초안으로 바꾸는 겁니다.** 내용은 간단하지만 실천이 어렵습니다. 평소에 메모 습관을 들이는 것이 쉽지 않거든요. **01**단계의 임시 메모 작성을 위해서 평소의 행동 양식부터 바꿔야 하니 어려움이 따를 수밖에 없습니다.

🔗 성공적인 제텔카스텐을 위한 사고방식 `65`

실천 단계만 피상적으로 따라 한다고 제텔카스텐을 꾸준히 쓰긴 어렵습니다. 저는 제텔카스텐에 관심을 가진 이후 많은 사람이 제텔카스텐 구축에 실패하는 것을 봤습니다. 저 역시 처음에 실패했고 쓸모없는 방법이라고 생각했습니다. 그러나 지금은 평소에 읽던 자료와 떠오르는 생각을 의미 있는 결과로 바꾸는 데 제텔카스텐이 가장 탁월한 시스템이라고 생각합니다. 제텔카스텐을 성공적인 도입하는 데 사고방식도 중요하니 몇 가지 유의할 점을 소개하겠습니다.

기록하는 습관 가지기

제텔카스텐의 핵심 아이디어는 '평소에 생각과 자료를 모아가고 연결하여 글쓰기를 하자'입니다. 그래서 기록하는 습관을 들여야 합니다. 떠오르는 생각을 메모하고, 책이나 유튜브를 보면 노트를 만드는 습관을 가져야 합니다. 노트 연결이 가장 눈에 띄어 보이지만 평소 기록하는 습관이 없다면 연결하는 노트도 없기에 제텔카스텐은 제대로 작동할 수 없습니다.

조회 관점에서 노트 작성하기

노트 내용뿐만 아니라 이 노트를 어떻게 찾을 것인지도 생각하며 연결해야 합니다. 우리는 노트 내용에 집중해 요약하거나 생각을 정리하는 작성에는 익숙합니다. 그러나 이 노트를 왜 찾게 될 것인가, 즉 조회의 관점에서 생각해본 경험은 부족합니다. 어떤 시점에 왜 이 노트를 찾을지, 어떤 방식으로 찾을지를 생각하는 훈련도 필요합니다. 조회를 쉽게 하기 위해서 노트를 연결할 때 어떤 의미에서 연결을 했는지 문맥을 같이 적거나, 속성의 aliases 기능을 활용하여 내가 이 노트를 찾기 위해 검색할 것 같은 키워드를 같이 넣는 것이 좋습니다.

단순하고 쉽게 하기

바빠서 책 읽을 시간이 없는 것처럼 노트 작성을 못할 때도 있습니다. 하지만 근본적으로 일상에서 노트 작성에 큰 노력이 들어가면 안 됩니다. 책을 읽으며 메모하고, 회의 중간에 내용을 요약하듯 자연스러워야 합니다. 노트 작성이 힘겹게 느껴지면 지속하기 어렵습니다. 부담을 덜고 제텔카스텐 방식으로 자연스럽게 노트를 작성하다 보면 재미가 느껴질 겁니다. 내가 과거에 이런 생각을 했는지 돌아보고, 여러 근거 자료로 내 주장이 탄탄해지는 과정이 즐겁기도 합니다. 긍정적인 기분이 뒷받침되어야 제텔카스텐을 꾸준히 실천할 수 있습니다. 부담이 느껴지면 잠시 멈추고 방법을 재점검해야 합니다.

나에게 맞는 제텔카스텐 찾기

바로 다음 챕터부터 제가 제텔카스텐을 어떻게 활용하는지 소개할 겁니다. 그런데 이는 참고 사례일 뿐입니다. 전체적인 방향은 참고할 수 있으나 구체적인 방식을 그대로 따를 필요는 없습니다. 제텔카스텐은 개인마다 적합한 방식이 다르므로 꾸준히 사용하면서 자신만의 노하우나 감각을 터득해야 합니다. 평소 내가 학습하거나 읽은 내용을 나의 생각과 연결지으면서 성장할 수 있다는 믿음을 가지고 꾸준히 사용해보세요.

각자의 사용 방식이 다르더라도 제텔카스텐이 잘 이뤄지고 있는지 확인하는 데 도움이 되는 몇 가지 기준은 있습니다. 다음 기준에 부합하는지 참고해서 방향성을 조절해보세요.

1. 메모와 노트 작성에 부담을 느끼지 않는다.
2. 노트 개수가 늘어날수록 혼란스럽지 않고 오히려 참고할 생각과 자료가 풍부해진다.
3. 기존 노트를 조합하여 결과물을 만드는 데 활용할 수 있다.

제텔카스텐에 적응하다 보면 망가진 느낌이 들어 뒤엎을 때도 있을 겁니다. 이는 자연스러운 과정입니다. 상향식으로 생각을 모아가는 과정이 익숙하지 않으니까요. 그래도 평생 학습과 글쓰기의 도구로 삼을 만한 방법론이니 신뢰를 가지고 부담없이 습관화해보길 바랍니다.

리마인드 노트

- 창의적인 활동은 어느 날 한 번에 이루어지기 어렵고, 평소에 쌓아온 것을 기반으로 합니다.
- 제텔카스텐은 메모를 모아 가볍게 정제해 노트로 만들고, 이를 연결해가며 생각을 발전시킵니다.
- 제텔카스텐에서 가장 중요한 것은 과정 중에 부담을 느끼지 않고 결과를 만들어 나가는 것입니다. 생각이 발전하며 에너지가 증가하는 게 아니라 버겁게 느껴진다면 어딘가 잘못 작동하는 것입니다.

Chapter 18

옵시디언으로 제텔카스텐 구축하기

제텔카스텐 실천 5단계가 단순해 보이지만 따라 하려니 막막하게 느껴질 겁니다. 이번 챕터에서는 옵시디언에서 제텔카스텐을 실제로 적용하는 사례를 보여드립니다. 제텔카스텐에서 노트 작성은 객관적인 사실의 나열보다는 생각과 자료가 갖는 의미나 활용에 집중해야 합니다. 그래서 앞으로의 예시에는 제 생각이 많이 드러날 수밖에 없습니다. 노트 내용을 구체적으로 이해하거나 동의하기보다는 어떤 상황과 의도에서 이 노트를 작성하고 연결했는지에 집중해주세요.

🔗 제텔카스텐 폴더 구축하기 ⁶⁶

제텔카스텐에서 다루는 보관함은 두 개입니다. 참고 노트 보관함과 영구 보관용 노트 보관함입니다. 옵시디언에서 제텔카스텐만 활용하려면 간단하게 이 보관함을 각각의 폴더로 만들면 됩니다.

PARA와 통합해서 사용하기

앞서 배운 PARA와 제텔카스텐을 통합한다면 폴더 구조를 어떻게 짜면 좋을까요? 방법은 크게 두 가지입니다. 첫째는 리소스 폴더 안에 두 보관함 폴더를 넣는 것이고, 둘째는 두 보관함 폴더를 PARA 바깥으로 빼는 것입니다. 저는 참고 노트 보관함은 리소스 폴더 아래에 두고, 영구 보관용 노트 보관함은 볼트 폴더에 두는 혼합 방식을 사용하고 있습니다. 예시 볼트에서는 각각

'3. Resource/references'와 '0. Slip-box' 폴더에 해당합니다.

정답은 없습니다. 제안하는 방식을 따라 하다가 나중에 더 편한 방법을 찾아 변경해도 됩니다. 중요한 점은 두 보관함을 분리하는 것입니다. 두 보관함을 하나로 합쳐 사용하는 사례도 있지만 추천하지 않습니다. 제텔카스텐을 꾸준히 사용하다 보면 수천 개의 노트가 쌓입니다. 가끔은 어떤 책이나 자료를 읽었는지 참고 자료만 확인하고 싶을 때가 있는데, 폴더를 합치면 참고 자료만 조회하기 까다로워집니다.

저자의 사례로 이해하기

PARA와 제텔카스텐을 통합해서 사용하면 초기에는 작성한 노트를 어디에 저장할지 헷갈릴 수 있지만 익숙해지면 자연스럽게 해결됩니다. 저는 다음과 같이 노트를 분류합니다.

- 당장 쓸모 있어서 작성한 노트는 **PARA의 프로젝트나 에어리어**로 들어갑니다.
- 굳이 연결까지 하고 싶지 않은 취미나 관심사는 **PARA의 리소스**에 들어갑니다.
- 참고했던 자료는 **제텔카스텐 참고 노트 보관함**에 넣습니다
- 떠오른 생각들은 발전시켜서 **제텔카스텐 영구 보관함 노트**에 넣습니다.

PARA에서 제텔카스텐 폴더로 노트가 이동할 때도 있습니다. 다음 예시는 이 책을 집필하며 작성한 장기간 글쓰기의 어려움과 감정, 그리고 출판을 위해 읽었던 책에 관한 노트입니다.

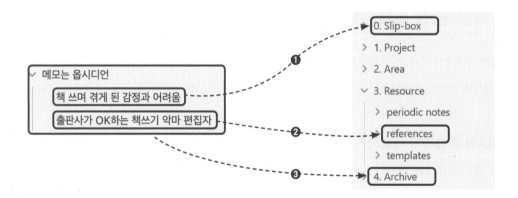

❶ 어려움, 감정과 관련된 노트는 글쓰기의 어려움과 연결지어서 영구 보관용 노트 보관함으로 들어갈 것입니다. 이를 영구 보관용 노트로 만드는 것은 제가 추후에 글쓰기에서 겪는 어려움,

감정, 조심할 것들을 글감으로 활용할 의도가 있기 때문입니다.

❷ 집필 프로젝트를 진행하며 읽었던 책은 참고 노트 보관함으로 이동합니다.

❸ 집필 프로젝트가 끝나면 집필 과정을 회고하면서 프로젝트 폴더는 아카이브로 이동할 것입니다.

🔗 참고 노트 작성하기 67

재미있게도 많은 제텔카스텐 사용자들이 숀케 아렌스의 《제텔카스텐》(인간희극, 2023)을 참고 노트로 작성하며 제텔카스텐을 시작합니다. 제가 이 책을 읽고 작성한 노트를 통해 참고 노트를 어떻게 작성하면 좋을지 알아봅시다.

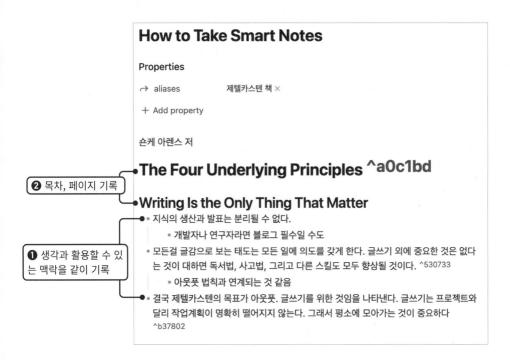

일반적인 독서 노트와 달리 참고 노트는 내용의 이해와 요약이 중점이 아니라 내 생각과 연결할 수 있게 만들어야 합니다. ❶ 즉, 자료가 내게 어떤 의미가 있고 내가 어떤 문맥에서 이해했는지 드러나는 것이 중요합니다. ❷ 작성할 때는 메모한 내용과 관련된 부분을 바르게 찾을 수 있도록 페이지 수나 목차를 표시하는 게 좋습니다.

만약 책을 읽고 밑줄만 긋는 것에 익숙하다면 따로 참고 노트를 작성하기 부담스러울 수 있습니다. 읽은 모든 자료를 참고 노트로 남기겠다는 강박은 안 가져도 됩니다. 모든 자료가 특별한 의미는 아니기 때문입니다. 저는 배운 점, 생각할 거리, 추후에 레퍼런스로 내세워 콘텐츠의 신뢰성을 부여하고 싶을 때 작성합니다.

책뿐만 아니라 유튜브, SNS, 아티클, 뉴스 기사 모두 참고 노트로 작성할 수 있습니다. 매체에 상관없이 자료를 다시 찾을 필요가 있거나 출처를 밝혀야 하면 모두 참고 노트로 작성합니다. 다음 예시는 제가 기록학자 김익한 교수님의 유튜브 '김교수의 세가지'에서 '메모의 기술'이라는 영상을 보고 작성한 참고 노트입니다. 작성한 이유는 메모와 노트에 관한 글을 작성할 때 참고 자료로 내세워 신뢰도를 올릴 수 있기 때문입니다.

- 김정운 작가의 에디톨로지 읽어볼만 할 듯
- 기록학자도 메모의 목적을 중요시한다. ^a5ce6b
- 기억에 잡아 놓기 위해 메모를 한다. 그리고 기억에 잡아놓는 이유는 편집을 위해서다. ^f51fdb
- 김익한 교수도 메모의 분류가 그리 많지 않다. 리서치, 프로젝트, 지식, 생활, 취미 등인데 이는 PARA로 다 커버가능한 것으로 보인다. ^2d6a28
- 메모는 모으고 버리면서 정리하는 과정은 필수다. 김익한 교수는 1주일에 한 번한다. 제텔카스텐이 실패하는 이유도 임시 메모만 쌓아두고 이런 버리고 정리하는 과정을 귀찮아하기 때문이다. ^c60e24

원 출처와 함께 필요한 내용을 요약하고 저만의 생각을 덧붙여 작성했습니다. 옵시디언에 영상, 음성, PDF 등의 파일을 첨부할 수 있다는 점을 활용하면 풍부한 자료를 모을 수 있을 겁니다.

자료를 본 후에 바로 참고 노트로 작성하지 않아도 괜찮습니다. 자료를 보며 임시 메모로 작성했다가 추후에 참고 노트로 변환할 수도 있습니다. 책을 읽으며 종이에 메모를 하거나, 전자책에 남긴 하이라이트와 메모를 돌이켜 보면서 참고 노트로 작성할 수도 있습니다.

> 🐌 **TIP** 국내 서적을 주로 읽는다면 커뮤니티 플러그인 'Korean Book Info'를 추천합니다. 이 플러그인은 서점 사이트 yes24에서 해당 서적의 메타 데이터를 가져와 속성으로 만들어줍니다.

🔗 영구 보관용 노트 작성하기 ⟨68⟩

영구 보관용 노트는 새로 작성할 수도 있지만 다양한 노트에서 파생될 수 있습니다. 가볍게 남긴 메모, 참고 노트의 일부 내용에서 아이디어를 가져와 영구 보관용 노트를 만들 수 있죠. 하나의 영구 보관용 노트가 몇 개로 쪼개지거나 반대로 비슷한 생각들이 합쳐지기도 합니다. 작성하다 보면 우리 뇌에서 생각이 만들어지고 변화하는 과정과 유사하다고 느껴집니다. 영구 보관용 노트를 만드는 다양한 방법을 알아봅시다.

임시 메모에서 영구 보관용 노트 작성하기

평소에 적은 임시 메모를 영구 보관용 노트로 작성합니다. 임시 메모는 즉시 적는 게 중요합니다. 저는 애플 노트로 주로 메모를 작성하고 과거에는 구글 킵Google Keep을 사용했습니다. 펜과 수첩 같은 아날로그 방식이 편하다면 그것도 좋습니다.

시간을 내어 임시 메모를 영구 보관용 노트로 작성합니다. 작성에 특별한 규칙은 없습니다. 추후에 작성한 노트를 다시 읽었을 때 내용을 이해할 수 있으면 됩니다. 글의 초안으로 활용할 수 있도록 명료하게 작성하고, 기존의 노트 중 연상되는 노트가 있다면 문맥과 함께 해당 노트를 내부 링크로 연결합니다.

모든 임시 메모를 영구 보관용 노트로 바꿀 필요는 없습니다. 어떤 메모는 작성할 때는 기발했지만 막상 노트로 쓰려고 보니 특별하지 않은 내용일 수도 있습니다. 그런 임시 메모는 과감히 삭제하면 됩니다.

다음은 '개발자들이 주석을 가독성과 요약 위주로 사용한다'는 생각이 문득 떠올라 작성한 메모를 노트로 바꾼 사례입니다.

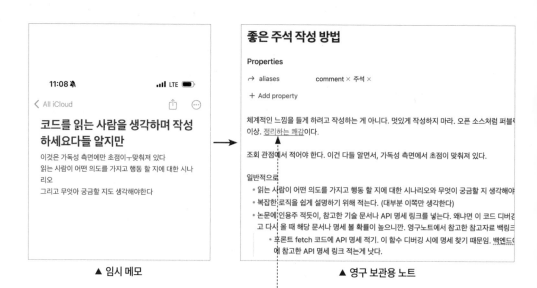

▲ 임시 메모   ▲ 영구 보관용 노트

임시 메모를 보면 오타도 있고 맞춤법도 안 맞네요. 실제 생활에서 임시 메모를 적을 때는 이렇게 부담 없이 생각나는 대로 빠르게 쓰세요. 메모하는 부담이 적을수록 습관화되기 쉽습니다.

영구 보관용 노트는 임시 메모를 확장하여 작성했습니다. 주석 작성의 원인이 체계적으로 일하고 싶은 욕구와 관련있는 것 같아서 연관된 노트를 링크했습니다. 메모와 노트의 구체적인 내용을 이해하거나 동의할 필요는 없습니다. 제가 어느 날 떠올린 생각을 메모로 남기고, 이를 구체화하여 기존 작성한 노트와 연결하는 방식을 확인해주세요.

참고 노트에서 영구 보관용 노트 작성하기

참고 노트를 읽다 보면 기존 생각과 연결되거나 새로운 아이디어가 떠오를 때가 있습니다. 이를 새 영구 보관용 노트로 작성하거나 기존 노트와 연결합니다. 이 작업은 참고 노트를 작성하는 도중에 진행해도 되고 나중에 참고 노트를 다시 읽으며 진행해도 됩니다.

참고 노트와 영구 보관용 노트를 연결할 때는 영구 보관용 노트에서 블록 링크로 참고 노트의 특정 부분을 연결합니다. 그리고 어떤 맥락에서 영감을 받았고 관련이 있는지 문맥도 간단히 적습니다. 이렇게 하면 추후에 영구 보관용 노트 기반으로 글을 쓸 때 이 아이디어의 근거를 참고 자료로 내세울 수 있습니다.

이런 방식은 학습에도 도움을 줍니다. 보통 책을 읽고 시간이 지나면 내용을 잊어버립니다. 그리고 내 생각이 어떤 자료에서 영향을 받았는지 알기 어려워집니다. 하지만 이처럼 자료를 나의 맥락에 맞게 추상화하여 영구 보관용 노트로 작성하면 내용 이해도가 높아집니다. 또한, 영구 보관용 노트를 살펴보며 생각을 되짚어볼 때, 어떤 자료의 어떤 부분에서 영향을 받았는지 알 수 있어서 봤던 책과 영상이 잊히지 않고 내 생각과 함께 살아있는 것처럼 느껴집니다.

다음은 송길영의 『시대예보: 핵개인의 시대』를 읽고 작성한 참고 노트의 일부를 제 생각으로 발전시켜 영구 보관용 노트로 작성한 예입니다. 마케팅 관점에서 전문가를 대체할 수도 있다는 아이디어가 콘텐츠를 만드는 저에게 유용하다 생각하여 영구 보관용 노트로 작성했습니다.

시대예보 핵개인의 시대

송길영 저

p4. 우리는 전문가보단 나보다 좀 더 나은 사람에게 뭔가를 묻는 경향이 있다. 전문가인 정신과 의사의 도파민 얘기는 퍼지지 않는다. 그렇기 때문에 입소문은 도움이 된다. ^7038fa

p18. 권위를 찾는 이유는 의사결정을 의탁하고 싶어서 일 수 있다. ^535249

p43. 여태까지 국가가 사람들의 주요 세계관으로 작용했지만, 이제는 저마다의 세계관을 갖고 살아간다

p49. 이제는 국가가 아닌 도시가 삶의 단위다. 서울러와 뉴요커. 서울은 부산과 경쟁하지 않고 뉴욕과 도쿄와 경쟁한다.

p88. 내 모든 일상이 포트폴리오

전문가를 이기는 순간

특정 상황에서 전문가를 이기는 순간이 있다. 어떤 분야의 대가를 말을 따르기보다는, 내가 처한 상황과 능력에 가장 근접했지만 문제 해결한 사람을 찾기도 한다. 수학 강의를 현우진만 찾기 보다는, 9등급에서 1~2등급 까지 올린 사람의 말도 먹힐 때가 있다.

시대예보 핵개인의 시대#^7038fa처럼 뭔가를 알고 싶을 때 주변인이나 인플루언서들에게 묻는다. 전문가가 아닌.

▲ 영구 보관용 노트

▶ 바로 실습 노트 컴포저로 영구 보관용 노트 분리하기

영구 보관용 노트를 작성하다 보면 다른 노트와 내용이 겹쳐서 합쳐야 하거나 노트 내용이 복잡해져서 분리해야 할 때가 생깁니다. 이럴 때 코어 플러그인 노트 컴포저Note composer를 사용하여 노트를 분리하거나 합칠 수 있습니다.

영구 보관용 노트의 내용이 발전되면 하나의 노트에 다양한 생각이 담기곤 합니다. 그러면 가독성을 높이거나 일부 생각을 다른 아이디어와 연결하기 위해 내용을 분리하는 게 좋습니다.

01 노트에서 분리할 텍스트 영역을 선택하고 명령어 팔레트에서 'Note composer: Extract current selection...'을 선택하거나, 선택한 영역을 우클릭하여 [**Extract current selection...**]을 클릭합니다.

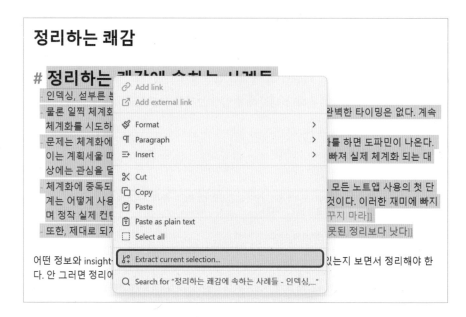

02 입력창이 나타나면 내용을 옮길 노트의 제목을 입력하여 새 노트를 만듭니다. 기존의 노트를 선택할 수도 있습니다.

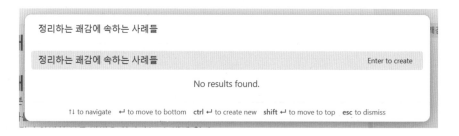

03 선택한 텍스트 영역이 새로운 노트로 분리되고, 기존 노트에는 새로운 노트로의 내부 링크가 생깁니다.

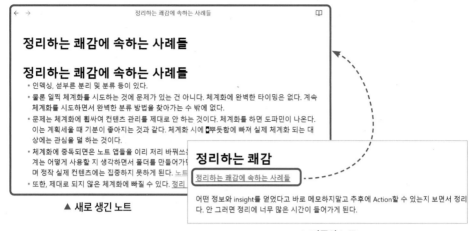

▲ 새로 생긴 노트

▲ 기존의 노트

바로 실습 노트 컴포저로 영구 보관용 노트 합치기

노트를 작성하다 보면 표현은 다르지만 비슷한 내용의 노트들을 합치고 싶을 때도 생길 겁니다. 이번에는 노트 컴포저로 노트를 합쳐봅시다. 두 노트를 합쳤을 때 어떤 노트가 남고 어떤 노트가 삭제되는지에 유의하며 실습을 따라해보세요.

01 합칠 노트를 열고 명령어 팔레트에서 'Note composer: Merge current file with another file...'을 선택합니다. 이 노트A가 내용을 합친 후 삭제될 노트입니다.

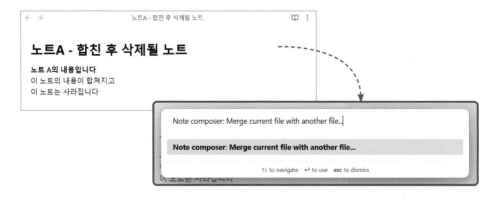

02 입력창이 나타나면 노트의 제목을 입력하여 현재 노트와 합칠 노트를 지정합니다. 이 노트B 가 내용을 합친 후 남을 노트입니다.

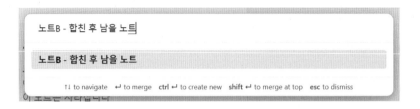

03 01단계의 노트가 삭제될 것이라는 경고가 뜹니다. **[Merge]**를 클릭합니다.

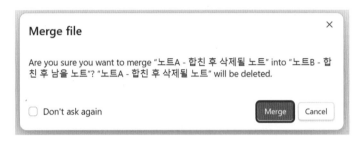

04 02단계의 노트B 아래의 01단계의 노트A의 내용이 합쳐진 것을 확인할 수 있습니다.

텍스트를 복사하여 붙여넣는 방식으로 노트를 합쳐도 되지만 이 방법을 사용하면 다른 노트에서 합친 노트를 링크할 때 링크가 자동으로 업데이트되어서 편리합니다.

노트C에 노트A와 B를 링크했다면 이렇게 삭제된 노트A의 링크가 링크B로 자동 업데이트됩니다.

🔗 영구 보관용 노트 발전시켜 결과로 만들기 69

영구 보관용 노트 연결하기

영구 보관용 노트끼리 연결하는 과정은 쉽지 않습니다. 우리는 정보를 하향식으로 분류하는 방식에는 익숙하지만 생각끼리 연결하며 발전시키는 상향식에는 익숙하지 않기 때문입니다. 영구 보관용 노트를 연결할 때는 단순히 언급되는 단어를 링크하는 것 이상의 작업이 필요합니다. 노트를 읽으며 나의 생각, 지식과 어떻게 연결할 수 있을지 고민해야 합니다. 생각을 추상화할 필요도 있고, 창의력이 필요하기도 합니다. 그러면 어떤 노트는 분야를 넘나들며 연결할 수 있고, 이는 나만의 독특한 관점을 갖는 데에 도움이 됩니다.

노트 연결을 위해서는 연결할 만한 기존 노트를 찾아야 합니다. 노트를 찾는 방법은 다음의 세 가지가 있습니다.

- 연상된 노트를 기억을 되살려 찾기
- 연관된 키워드 검색하기
- 구조 노트에서 하향식으로 찾기

노트를 자주 참고할수록 기존에 어떤 생각의 노트가 있었는지 알기 쉬우므로 연결이 수월해집니다. 또한 사람이 매일 하는 생각의 주제나 방향이 크게 바뀌는 것은 아니기에 지금 하고 있는 생각은 최근에 작성했거나 참고한 노트와 연결될 가능성이 높습니다.

옵시디언처럼 검색 기능이 발달한 노트 앱을 사용한다면 검색으로 연결할 노트를 찾기 유리하겠지만 검색 역량에만 의존하는 것은 분명 어렵습니다. 그래서 노트를 작성할 때부터 이 노트를 어떻게 활용하고 찾을지 고민해야 합니다. 충분한 고민이 있었다면 쉽게 연관된 노트를 떠올릴 수 있습니다.

항상 노트 활용 방안을 고민하고 작성하는 것은 피곤하기에 놓칠 때도 많을 겁니다. 고민을 했더라도 오랜 시간 연결되지 않아 방치된 노트가 있을 수 있고요. 이럴 때엔 AI의 도움을 받을 수 있습니다. AI를 활용해 노트 연결하는 방법은 추후 Smart connections 커뮤니티 플러그인과 함께 소개하겠습니다.

구조 노트와 인덱스로 쌓인 노트 정리하기

노트를 작성하고 연결하는 것만으로는 글쓰기로 이어질 수 없습니다. 글을 쓰고 생각을 정리하기 위해서는 상향식으로 쌓은 글감을 다시 하향식으로 구조화하는 과정이 필요합니다. 특정 주제나 주장과 연관된 노트를 모아 개요, 목차, 목록으로 만들 필요가 있습니다. 이런 정리 과정이 없으면 작성한 노트는 연상 놀이에 불과합니다.

앞서 구조 노트란 특정 주제나 주장에 대해 하향식으로 노트 링크를 모아둔 노트라고 설명했습니다. 구조 노트의 제목이 '영어', '운동'과 같이 포괄적인 필요는 없습니다. 글의 주제가 되는 문장처럼 구체적일수록 글쓰기에 좋습니다. 다음은 '일반적인 정리의 원칙들'이라는 주제와 관련된 노트를 정리한 구조 노트입니다.

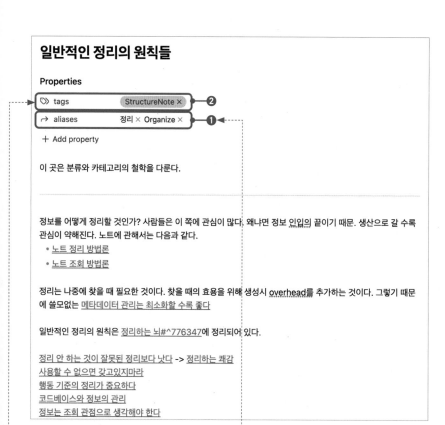

일반적인 정리의 원칙들

Properties

| ⬖ tags | StructureNote ✕ | ❷ |
| → aliases | 정리 ✕ Organize ✕ | ❶ |

＋ Add property

이 곳은 분류와 카테고리의 철학을 다룬다.

정보를 어떻게 정리할 것인가? 사람들은 이 쪽에 관심이 많다. 왜냐면 정보 인입의 끝이기 때문. 생산으로 갈 수록 관심이 약해진다. 노트에 관해서는 다음과 같다.

- 노트 정리 방법론
- 노트 조회 방법론

정리는 나중에 찾을 때 필요한 것이다. 찾을 때의 효용을 위해 생성시 <u>overhead</u>를 추가하는 것이다. 그렇기 때문에 쓸모없는 <u>메타데이터 관리는 최소화할 수록 좋다</u>

일반적인 정리의 원칙은 <u>정리하는 뇌#^776347</u>에 정리되어 있다.

<u>정리 안 하는 것이 잘못된 정리보다 낫다</u> -> <u>정리하는 쾌감</u>
<u>사용할 수 없으면 갖고있지마라</u>
<u>행동 기준의 정리가 중요하다</u>
<u>코드베이스와 정보의 관리</u>
<u>정보는 조회 관점으로 생각해야 한다</u>

구조 노트는 자주 찾게될 것이기에 ❶ aliases 속성을 적극 사용해서 검색에 용이하게 만들거나 ❷ tags 속성을 사용하여 구조 노트임을 나타내도 됩니다.

구조 노트는 생각을 발전시킬 출발점으로 삼기 좋습니다. 내 전체 생각과 지식의 진입 지점이 되기에 볼트 폴더에서 해당 구조 노트로 바로 이동할 수 있도록 목록화하는 것이 좋습니다. 이를 인덱스라 하고 옵시디언에서는 다음과 같이 목록 마크다운과 링크로 표현하면 쉽게 관련 노트를 드나들 수 있습니다.

1. Indexes

생산성 기법
- PARA
- Zettelkasten

지식 노동
- Capture
- Organize

생산성 함정 모음
- 정리하는 쾌감
- 꾸준함의 함정

노트를 모아서 초안으로 만들기

구조 노트에 충분한 양의 노트가 모이면 구조 노트를 글의 초안으로 바꾸는 작업을 시작하면 됩니다. 이때부터는 기존 글쓰기 방식대로 주제를 정하고 개요를 작성하여 글을 완성해 나갈 차례입니다. 제텔카스텐을 사용해 구조 노트에서 글쓰기를 시작하면 해당 주제와 관련된 노트들이 이미 모여 있어 개요를 작성하기 쉽고, 참고 자료도 준비되어 글쓰기가 훨씬 수월해집니다. 물론 노트를 아무리 모았어도 글로 구체화하는 과정에서 부족한 부분은 반드시 있을 겁니다. 그러면 추가 자료를 찾아 내용을 보완해 나가면서 글을 완성합니다.

개요를 작성할 때에는 연결된 노트를 많이 참고해야 하므로 지금까지 배운 옵시디언의 모든 기능을 요령껏 활용할 필요가 있습니다. 백 링크, 아웃 링크로 연결된 노트를 확인하거나, 로컬 그래프 뷰로 탐색할 수도 있으며, 노트들을 캔버스에 배치해가면서 글의 큰 그림을 그릴 수도 있습니다.

다음은 제가 생산성과 정리에 관한 노트를 모으고 생각을 발전시켜 작성한 글입니다.

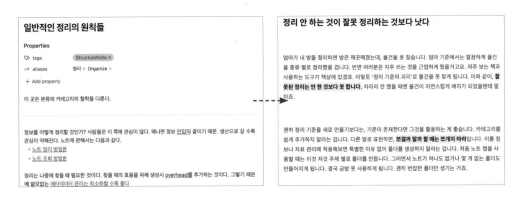

이렇게 작성한 글은 단순히 어떤 책을 읽고 쓴 리뷰나 갑자기 떠오른 생각을 적은 것과는 달리, 다양한 자료를 참고하고 충분히 재워둔 생각을 바탕으로 하기에 독창성을 가질 수 있습니다.

> 🪣 **TIP** 구조 노트를 탐색할 때는 소개한 코어 플러그인뿐만 아니라, Excalibrain, Link Tree 등의 커뮤니티 플러그인을 이용해보세요. 더 쉽고 풍부하게 탐색할 수 있습니다.

🔗 Smart connections로 제텔카스텐에 AI 활용하기 70

커뮤니티 플러그인 Smart connections를 사용하면 현재 노트와 유사한 내용의 노트를 찾거나, 노트 기반으로 챗봇과 대화를 할 수 있습니다. 이 기능은 영구 보관용 노트를 연결하거나 글의 초안을 작성할 때 유용하게 쓸 수 있습니다.

옵시디언은 개발 생태계가 활성화되어 있어 AI를 활용하는 새로운 기술을 빠르게 접목시킬 수 있다는 큰 장점을 가집니다. 또한, 로컬 기반의 노트 앱이기에 Ollama에서 동작하는 로컬 LLM과 같이 사용할 수도 있습니다. 로컬 LLM은 인터넷을 통하지 않고 내 컴퓨터에서 ChatGPT와 같은 AI를 사용하는 것을 말합니다. 이처럼 빠르고 자유롭게 AI와 연동할 수 있다는 점이 옵시디언을 계속 사용하게 되는 주된 이유입니다.

Smart connections는 수시로 업데이트됩니다. 변경 사항 때문에 책의 내용대로 실습 진행을 하기 어렵다면, 예제 볼트의 '1. Projects/세컨드 브레인은 옵시디언/Ch 18. 옵시디언으로 제텔카스텐 구축하기' 파일을 참고해주세요.

🔗 예제 볼트 다운로드 github.com/Sianmin/obsidian-goldenrabbit

🖱 바로 실습 Smart connections를 OpenAI와 연동하기

ChatGPT를 만든 OpenAI를 Smart connections와 연동하겠습니다. 이 과정은 비용이 발생하며, 정액제가 아니라 미리 금액을 충전하고 사용하는 선불제입니다. 노트 개수와 사용량에 따라 달라지겠지만 비용이 크게 들지는 않습니다. 제 경험상 월 5달러를 넘어가는 사람은 못 봤습니다.

OpenAI의 기능을 사용하려면 OpenAI에 가입하고 API Key를 발급받아야 합니다. API Key는 일종의 비밀번호로 로그인하지 않고 OpenAI의 기능을 사용할 수 있게 해줍니다. 이 API Key를 Smart connections에 입력하여 Smart connections이 OpenAI 기능을 사용할 수 있게 연동을 해보겠습니다.

01 OpenAI 홈페이지에 접속합니다. 기존 계정이 있다면 로그인하고, 없다면 오른쪽 위의 **[Sign up]** 버튼을 클릭하여 가입합니다.

🔗 OpenAI 링크 platform.openai.com

02 로그인 후 왼쪽 메뉴에서 **[Settings → Billing]**을 선택합니다. **[Add payment details]** 버튼을 선택하여 결제 수단을 추가합니다.

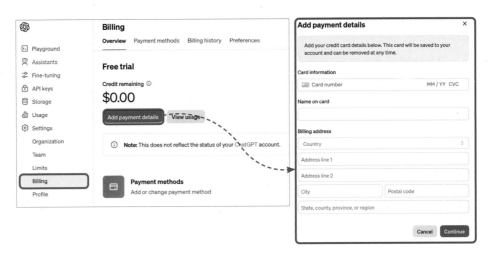

카드 정보를 모두 입력하고 **[Continue]** 버튼을 누릅니다. 이때 해외 결제가 가능한 카드를 사용해야 합니다.

03 결제 수단을 설정했다면 충전할 금액을 입력합니다. 노트 개수가 많지 않으면 5달러 충전으로도 몇 개월은 충분히 사용할 수 있으니 5달러를 입력하겠습니다. 자동 충전은 비활성화하겠습니다. 설정을 마치고 **[Continue → Confirm payment]**를 차례로 입력합니다.

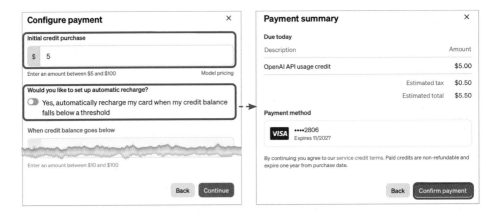

> 🐌 **TIP** 우리가 사용할 임베딩 모델은 OpenAI의 text-embedding-3-large 모델인데 현재 백만 토큰당 0.13 달러입니다. 어림잡아 1글자에 1토큰이라 보면 전체 100만 글자에 0.13 달러이니 큰 부담은 없는 가격입니다. 가격 정책은 지속적으로 변경되니 자세한 사항은 OpenAI 홈페이지를 참고하세요.

04 금액이 충전되면 왼쪽 메뉴에서 **[API keys]**를 선택합니다. **[Create new secret key]** 버튼을 클릭하여 API key를 발급받습니다.

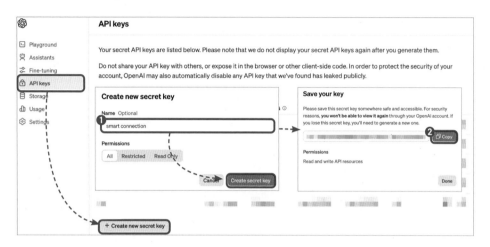

❶ 이름을 원하는 대로 지정하고 **[Create secret key]**를 누르세요. 예시에서는 'smart connection'이라고 입력하였습니다. ❷ **발급받은 API key는 처음에만 복사할 수 있으므로 별도로 저장해두어야 합니다.** 만약에 이 API key를 잊어버렸다면 새로운 API key를 발급받아 사용하면 됩니다.

05 옵시디언으로 돌아옵니다. 커뮤니티 플러그인 Smart Connections를 설치하고 활성화합니다.

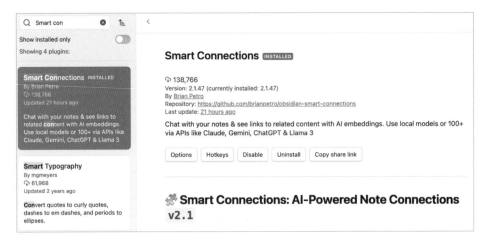

06 [Settings → Smart Connections]에서 플러그인 설정을 하겠습니다.

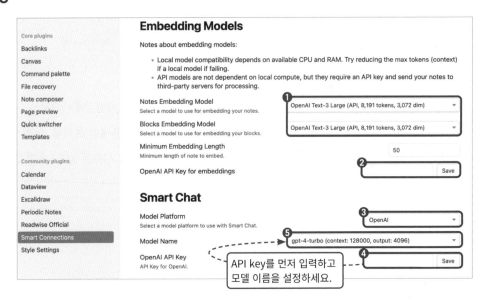

❶ 노트와 블록 임베딩 모델을 선택합니다. 임베딩은 노트와 블록의 내용을 숫자로 변환하는 과정입니다. 임베딩 모델로 현재 가장 성능이 좋은 **[OpenAI Text-3 Large (API, 8191 tokens, 3072 dim)]**을 선택해보겠습니다. ❷ OpenAI 홈페이지에서 복사한 API key를 'OpenAI API Key for embeddings'에 붙여넣고 **[Save]** 버튼을 누릅니다.

❸ 챗봇의 모델을 선택합니다. 'Model Platform'에서 **[OpenAI]**를 선택합니다. ❹ 'OpenAI API Key'에서 앞서 복사했던 API key를 붙여넣고 **[Save]** 버튼을 누릅니다. ❺ 그러면 'Model Name' 선택이 활성화되는데 이때 **[gpt-4-turbo(context: 128000, output: 4096)]**를 선택합니다.

> 🔖 **TIP** Smart connections에서는 다양한 LLM과의 연계를 지원합니다. LLM 활용 능력이 있다면, Model Platform에서 Anthropic Claude나 Local LLM으로 Ollama 등을 사용해볼 수 있습니다.

07 모든 노트를 임베딩하는 과정이 필요합니다. 노트의 내용을 AI에게 전달하여 숫자로 바꾸는 과정입니다. 다음 Data Management 섹션의 **[Refresh Notes]** 버튼을 클릭하고 오른쪽 위 다음과 같은 팝업창이 뜨면 **[Start embedding]** 버튼을 누릅니다. 그러면 임베딩되지 않은 노트에 임베딩 작업을 진행할 수 있습니다.

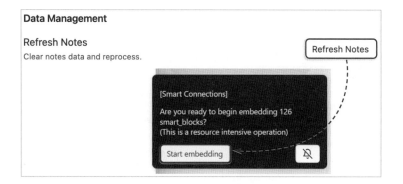

08 그러면 작업 상황도 오른쪽 위에 팝업으로 표시됩니다. 이렇게 최초 임베딩 이후에는 새 노트가 생성되거나 기존 노트에 변경 사항이 있을 때 해당 노트에 임베딩이 자동으로 진행됩니다.

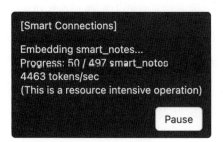

Smart view로 유사한 노트 찾기

임베딩 작업이 끝났으면 Smart view를 사용하면 현재 문서와 유사한 노트를 찾을 수 있습니다. 이 기능은 영구 보관용 노트를 연결하기 위해 유사한 내용과 맥락을 가진 노트를 찾는 데 도움이 됩니다.

01 연결하려는 노트를 열고 명령어 팔레트에서 'Smart Connections: Open: View Smart Connections'를 선택합니다.

> 🌗 **TIP** 이때 실행이 되지 않는다면 바로 앞에서 설명한 06단계의 **[Settings → Smart Connections]**에서 플러그인 설정을 다시 해주세요. API key를 입력하고 반드시 save를 눌러주세요.

02 오른쪽 사이드바 ⚙ 에서 현재 노트와 유사한 노트 목록이 표시되는 것을 확인합니다. 다음 그림은 제가 사용하는 볼트에서 Smart view를 사용해봤습니다.

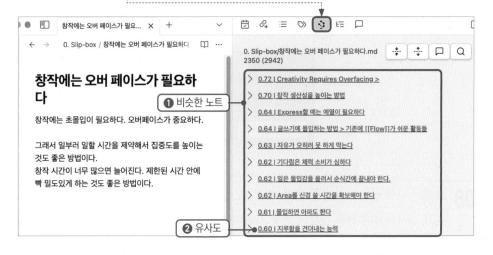

'창작에는 오버 페이스가 필요하다'라는 생각을 작성한 노트입니다. ❶ 비슷한 내용을 가진 노트가 오른쪽 목록에 보입니다. ❷ 왼쪽 숫자는 유사도입니다. 유사도가 높을수록 AI가 인식했을 때 더 유사한 노트라는 의미입니다. '창작 생산성', '글쓰기', '몰입감' 등 비슷한 키워드의 노트가 나열되어 있네요. 참고로 유사도가 0.72인 첫 번째 노트는 현재 노트를 영어로 번역한 노트입니다. 즉, 영어와 한글 간의 유사도도 잘 찾아내는 것을 볼 수 있습니다.

 **AI는 어떻게 유사한 노트를 찾을까?**

AI 활용이 필수로 인식되고 관심도 높아지고 있기에 연관된 노트를 찾는 원리를 간략히 알아보겠습니다. 앞서 임베딩이라 소개한 과정에서는 한국어나 영어로 적힌 노트 내용을 AI가 이해할 수 있도록 숫자의 나열인 벡터로 변환합니다. 이때 변환 작업을 하는 모델을 임베딩 모델이라고 하는데 그 종류가 다양합니다.

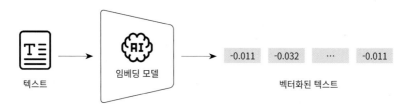

우리가 연동 작업에서 임베딩 모델로 설정한 Text-3 Large는 현재 OpenAI가 제공하는 임베딩 모델 중 가장 고성능의 모델입니다. 비용을 줄이려면 Text-3 Small이나 Ada를 선택해도 됩니다.

원본 노트의 내용을 임베딩 모델에 입력하기 전에 텍스트를 AI가 이해하기 쉬운 단위로 나눠야 합니다. 이때 나눠진 단위를 '토큰'이라고 합니다. 앞에서 예로 든 '창작에는 오버 페이스가 필요하다' 노트 내용이 122글자 정도였는데, 임베딩 과정 후 112개 토큰이 됩니다. 대략 1글자에 1토큰으로 어림짐작할 수 있겠네요. 우리가 선택한 모델은 8191 tokens, 3072 dims를 지원합니다. 8191 tokens는 임베딩 모델이 한 번에 처리할 수 있는 최대 토큰 개수를 의미합니다. 최대 8191 토큰까지 지원한다고 했으니 Smart view를 제대로 활용하려면 노트 하나의 길이가 8000자를 넘어서는 안 되겠습니다. 참고로 토큰화의 특성상 영어로 작성한 노트는 8000자를 넘어도 됩니다. 3072 dims는 벡터의 숫자 개수를 의미합니다. 노트 1개가 임베딩을 거치면 3072개의 숫자로 변환된다는 뜻입니다.

벡터로 변환된 노트 내용은 옵시디언 볼트 폴더의 .smart-connections 폴더에서 확인할 수 있습니다. 벡터로 변환된 노트는 코사인 유사도를 이용하여 현재 노트와 비슷한 노트를 찾습니다. 간단히 말하자면, 현재 노트의 벡터랑 유사한 벡터의 노트를 찾아 나열하는 원리입니다.

▶ 바로 실습 Smart chat과 노트 기반으로 대화하기

제텔카스텐을 사용했던 니클라스 루만은 제텔카스텐을 노트와의 대화라고 표현하였습니다. 제텔카스텐을 단순히 노트 저장소로 보지 않고 지속적으로 상호작용하며 학습과 생각 발전을 이루는 시스템으로 여겼다는 의미입니다. 실제로 제텔카스텐을 꾸준히 사용하다 보면 노트와 대화하는 느낌이 들며 생각이 깊어지는 재미있는 경험을 할 수 있습니다.

그런데 시대가 변하면서 노트와의 대화는 비유적인 표현이 아니라 현실이 되었습니다. Smart connections의 Smart chat 기능을 이용하면 됩니다. 명령어 팔레트에서 'Smart Connections: Open: Smart Chat Conversation'을 선택합니다. 그러면 오른쪽 사이드바에 💬 대화창이 열립니다.

입력창에 적힌 설명대로, 내 노트나 폴더 기반으로 질문하거나 요약을 시킬 수 있습니다. 질문을 입력하고 Shift + Enter 를 누르거나 입력창 옆에 있는 **[Send]** 버튼을 누르면 됩니다. 재미있는 기능이니 직접 사용해보세요.

제텔카스텐이 글쓰기를 위한 방법이라고 소개했으니 Smart chat을 글쓰기에 활용해보겠습니다. 다음과 같은 구조 노트를 참고하여 블로그에 올릴 글을 작성한다고 해봅시다. AI가 없었더라면 구조 노트에서 링크한 노트를 일일이 살펴보면서 글의 개요를 만들고 초안을 만들 것입니다.

글쓰기를 잘하기 위해 필요한 것들

Properties

🏷️ tags ⬜ StructureNote ✕

➕ Add property

- 글쓰기에 몰입하는 방법
- 글쓰기를 시작하는 루틴 – 현재까지 작성된 것 읽기
- 글 쓰기 싫을 때의 대처법
- 글 쓸때의 스트레스는 어떻게 줄일 수 있을까?
- 강제 글쓰기 루틴

하지만 Smart chat에게 이 노트를 기반으로 개요를 작성시키면 어떨까요? 다음과 같이 노트들의 링크를 알려주고 블로그에 올릴 글의 개요 작성을 요청했습니다.

- 블로그 글의 개요를 작성해줘. 서론, 주제 1, 주제 2, 주제 3, 결론 정도로. 이 5개에 대해 한 문장 정도로만 설명해줘.
- 노트 내용이 잘 융합되게 작성해줘.
- 한글로 작성해줘.
  참고할 노트는 다음이야.
  글쓰기를 잘하기 위해 필요한 것들, 글쓰기에 몰입하는 방법, 글쓰기를 시작하는 루틴 – 현재까지 작성된 것 읽기, 글 쓰기 싫을 때의 대처법, 글 쓸때의 스트레스는 어떻게 줄일 수 있을까?, 강제 글쓰기 루틴

Based on your notes, here is a proposed outline for a blog post:

서론: 글쓰기에 몰입하고 효과적으로 글을 작성하기 위한 다양한 전략과 루틴의 중요성을 소개합니다.

주제 1 - 글쓰기에 몰입하는 방법: 몰입을 방해하는 요소들을 극복하고 글쓰기에 더 잘 몰입할 수 있는 방법을 설명합니다. 예를 들어 계획의 중요성과 목표 설정의 역할을 강조합니다.

주제 2 - 글쓰기를 시작하는 루틴: 글쓰기를 시작하기 전에 현재까지 작성된 내용을 읽는 루틴의 중요성을 설명하고, 이것이 어떻게 생각의 연속성을 유지하고 글쓰기를 용이하게 하는지를 논합니다.

주제 3 - 글쓰기 중의 스트레스 관리: 글쓰기 중 발생할 수 있는 스트레스를 관리하는 방법을 제시하며, 짧은 단기 목표 설정과 지속적인 자료 읽기의 중요성을 강조합니다.

결론: 글쓰기의 효율성과 즐거움을 높이기 위해 몰입, 시작 루틴, 스트레스 관리가 어떻게 상호 작용하는지를 요약하고, 일관된 글쓰기 루틴을 개발할 것을 독려합니다.

기존 노트 내용이 반영된 그럴듯한 개요가 만들어졌습니다. 이를 바탕으로 글쓰기를 이어나갈 수 있겠네요. AI를 이용한 글쓰기는 특별한 프롬프트나 가이드라인이 없다면 대체로 평범한 내용의 글을 생성하기 마련입니다. 이런 글은 나만의 생각이 반영되지 않아 거짓말하는 느낌이 들거나, 너무 일반적이어서 읽는 사람이 큰 가치나 매력을 느끼기 어려울 수 있습니다. 그러나 평소 자신의 생각을 기록해 두었다가 AI와 함께 글을 쓴다면 나만의 독특한 관점이 담긴 글을 더 쉽게 만들 수 있습니다.

'나'에 대한 이야기가 나왔으니 재미 삼아 저에 대해 물어보는 것도 좋겠네요. AI는 제 노트를 보고 저의 성향을 파악할 수 있을까요? 제 영구 보관용 노트를 기반으로 MBTI 유형을 추측해보는 것도 재밌어 보입니다. 영구 보관용 노트에는 AI가 알아낼 만한 작성자의 성격과 가치관이 담기게 될까요?

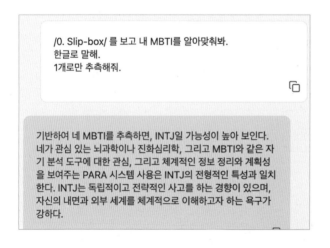

무서울 정도로 정확하네요. 실제로 저는 INTJ입니다.

앞선 대화에서는 Smart chat이 영구 보관용 노트의 모든 내용을 확인한 것 같았지만 실제로는 그렇지 않습니다. 이 답변은 일부 노트만을 참고하여 나온 답변입니다. 사실 MBTI를 맞춘건 운이 따라준 결과로 봐야 합니다.

Smart chat에게 질문을 하면 질문한 내용을 그대로 AI가 전달받아 답변하지 않습니다. 폴더나 노트를 찾을 필요가 있다면 HyDEHypothetical Document Embeddings 전략을 사용합니다. 이 과정을 간략하게 설명하면 다음과 같습니다.

1. 질문에 노트를 찾아 대답하라는 요청이 있다면, 우선 질문을 AI에게 전달하여 답변을 받습니다.

2. AI로부터 받은 답변을 임베딩합니다. 그 후, Smart view에서 유사한 노트를 찾았던 방식처럼 답변과 관련된 노트를 찾습니다.

3. 앞 단계에서 찾은 연관 노트와 질문의 내용을 합쳐서 다시 AI에게 질문합니다.

따라서 최종 답변은 모든 노트가 아니라 일부 노트만을 참고해서 답합니다. 참고한 노트는 smart-chat 폴더의 대화 목록에 남아있습니다. 그래서 Smart chat을 사용할 때는 많은 노트를 찾게 하는 것보다는 특정 노트를 지목하면서 대화를 하면 좋습니다. 누군가에게 일을 부탁할 때 구체적으로 무엇을 참고하라고 지정하는 것처럼요.

Part 03는 프로그램의 기능을 설명하는 기존 실용서와는 다른 느낌으로 작성했습니다. Part 03의 PARA와 제텔카스텐에서 공통으로 중시하는 것은 노트의 내용이 아니라 노트를 어떻게 사용할지 고민하는 감각입니다. 예를 들어 '문을 당기시오'라는 경고문은 내용뿐만 아니라 경고문이 붙은 위치도 중요합니다. 이 경고문을 바닥에 붙이면 아무도 읽지 못해 쓸모없어집니다. 경고문은 문을 열 때 필요하므로 사람들이 손잡이를 잡을 때 보는 위치에 붙여야 합니다. 이처럼 노트가 추후에 어떻게 활용될 것인지를 생각하면 내용, 위치, 연결을 고민하는 데 도움이 됩니다. 활용도가 높은 노트는 버려지지 않고 자산이 됩니다.

그리고 이 올바른 위치와 활용에 대한 답은 사람마다 다를 겁니다. 당뇨병에 대한 노트를 작성한다고 해봅시다. 대학생의 교양 수업 발표에서는 프로젝트로 분류되어 당뇨병의 전반적인 정부를 작성할 것입니다. 당뇨병 환자라면 에어리어에 두면서 병원 방문 날짜, 혈당 관리 방법 등을 적으며 지속적으로 관리하겠죠. 당뇨병 연구자라면 제텔카스텐으로 전문 자료와 함께 지식을 발전시키는 방식으로 사용할 것입니다. 모든 자료는 필요를 기준으로 배치해야 하며, 필요에 대한 답은 자신이 직접 찾아야 합니다.

명확한 정답이 없으니 노트 작성과 관리는 누군가의 템플릿이나 워크플로를 그대로 따르기보다는 자신의 상황에 맞게 조정하는 것이 중요합니다. **Part 03에서 모든 걸 잊고 단 하나의 문장만 가져가야 한다면 '정보가 나에게 어떻게 필요할 것인가?'라는 질문입니다.**

리마인드 노트

- 임시 메모는 즉흥적으로 떠오른 생각을 빠르게 기록하는 것이 중요합니다. 반드시 옵시디언을 사용할 필요는 없습니다.
- 참고 노트는 단순히 따라 적는 것이 아니라, 자료의 내용이 내게 어떤 의미인지 연결지으며 작성합니다.
- 영구 보관용 노트는 정제된 정보와 아이디어를 작성하여 영구히 보관합니다.
- 구조 노트는 특정 아이디어나 주제에 대해 여러 노트를 연결하여 구조화한 노트입니다.
- Smart connections 등의 AI 플러그인을 활용해 관련 노트를 찾거나 노트 기반으로 질문을 할 수 있습니다.

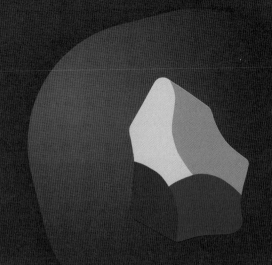

art
04

벨 업 옵시디언
화 활용하기

학습목표

이번에는 개발 지식이 필요하거나 내용이 어려운 부분을 모았습니다. HTML과 CSS를 이용해 옵시디언을 취향껏 꾸미거나, 데이터 조회를 위한 강력한 툴인 데이터뷰를 소개합니다. 또한 옵시디언 볼트를 디지털 가든으로 만들어 온라인에 공개할 수 있는 플러그인인 퍼블리시를 소개합니다. 개발 지식이나 데이터 쿼리 감각이 없어 어렵다면 실습 위주로 따라 해보길 추천합니다.

준비해주세요

여기에서는 저자 깃허브에 올라온 예제 볼트 파일이 필요합니다. 'Chapter 02 옵시디언 시작하기'의 '기존 폴더를 볼트로 사용하기'를 참고하여 예제 파일을 다운받아 해당 볼트에서 진행해주세요.

핵심 키워드

#옵시디언 커스터마이징 #데이터뷰 #디지털가든 #퍼블리시

Chapter 19

HTML과 CSS 스니펫으로
옵시디언 특별하게 꾸미기

옵시디언은 자유도가 높은 툴이기 때문에 개발 지식이 있다면 더욱 풍부하게 사용할 수 있습니다. HTML과 CSS 스니펫을 활용하면 옵시디언을 개성 있게 꾸밀 수 있습니다. HTML과 CSS는 웹 페이지를 만드는 데 사용하는 언어입니다. 옵시디언을 예쁘게 꾸미는 것과 노트 작성 실력은 별개의 문제지만 원하는 스타일로 꾸민 옵시디언을 사용하면 애착이 생겨 더 즐겁게 노트를 작성할 수 있습니다.

🔗 HTML로 옵시디언 꾸미기 71

제공되는 마크다운만으로 텍스트를 꾸미는 게 아쉬울 수 있습니다. HTML과 CSS를 활용하면 옵시디언의 텍스트를 더욱 돋보이게 꾸밀 수 있습니다. 텍스트 특정 부분의 색깔을 바꾸거나 글자 크기를 키울 수도 있죠.

HTML과 CSS를 어떻게 사용하는지 간단히 구조를 알아보고 직접 사용해보겠습니다. 활용에 필요한 부분만 설명할 테니 관심이 생긴다면 유튜브나 책을 통해 더 공부해보세요.

❶ HTML의 기본 단위인 태그는 **〈여는 태그〉텍스트〈/닫는 태그〉** 형태로 스타일을 적용할 범위를 지정합니다. 태그별로 용도가 정해져 있는데, 예제에서 사용한 〈span〉 태그는 문장 안에 있는 단어 단위로 효과를 줄 때 사용합니다.

❷ CSS 속성은 색상, 굵기, 글자 크기 등 스타일 속성을 정의하고 ❸ CSS 값에서 해당 속성에 적용할 구체적인 값을 지정합니다.

▶ 바로 실습   HTML과 CSS로 텍스트 꾸미기

직접 사용해볼까요? 빈 노트에 다음 코드를 따라 작성해보세요. 띄어쓰기와 따옴표까지 똑같이 작성해야 합니다.

```
<span style="color: blue; font-weight: bold;">파란색 굵은 텍스트</span>
<span style="background-color: red;">빨간 배경의 텍스트</span>
<span style="font-size: xx-large">더 큰 텍스트</span>
<u>밑줄</u>
<span style="font-family: 'Brush Script MT', cursive;">This is cursive text.
</span>
```

그러면 텍스트의 스타일이 다음 그림처럼 바뀝니다.

파란색 굵은 텍스트

빨간 배경의 텍스트

더 큰 텍스트

밑줄

This is cursive text.

💡 **TIP** HTML을 직접 작성하기 어렵다면 Editing Toolbar와 같은 커뮤니티 플러그인을 사용해도 좋습니다. Editing Toolbar는 다른 워드프로세서처럼, 텍스트 스타일을 쉽게 바꿀 수 있는 메뉴를 제공합니다.

▶ 바로 실습 \<iframe\> 태그로 웹페이지 넣기

HTML의 〈iframe〉 태그를 사용하면 노트에 유튜브 영상이나 지도와 같이 다른 웹페이지도 넣을 수 있습니다. https://pomofocus.io 웹사이트에서는 간단한 뽀모도로 타이머를 제공합니다. 이 타이머를 노트에 첨부해서 옵시디언으로 뽀모도로를 활용해보세요.

방법은 간단합니다. 뽀모도로 타이머를 넣고 싶은 노트에 다음과 같이 〈iframe〉 태그를 작성합니다.

```
<iframe width="500px" height="300px" src="https://pomofocus.io/"></iframe>
```

width와 height 속성으로 가로 500픽셀, 세로 300픽셀의 크기를 지정했습니다. src 속성에서 pomofocus의 주소를 입력합니다. 그러면 다음과 같이 노트에 뽀모도로 타이머를 불러옵니다.

 **<script> 태그가 안 먹혀요**

HTML과 CSS 지식이 있다면 자바스크립트를 사용해보고 싶을 겁니다. 하지만 동적으로 조작할 수 있는 자바스크립트는 문제가 될 수 있습니다. 예를 들어 어느 사이트의 아이디와 비밀번호를 작성한 노트가 있다고 가정해봅시다. 해커가 전달한 <script> 태그를 해당 노트에 붙여넣으면, <script> 태그 내에 해커가 심어둔 크롤링 코드로 노트에 작성한 아이디와 비밀번호가 해커에게 전송될 수 있습니다.

이런 보안 위험을 방지하고자 옵시디언에서는 노트의 HTML을 정화sanitize합니다. 이 정화 과정에서는 HTML 코드에서 잠재적으로 해로울 수 있는 스크립트나 태그를 제거합니다. 따라서 옵시디언 노트에서 복잡한 기능을 구현하고 싶다면 <script> 태그로 노트 안에서 작성하는 대신 플러그인을 사용하거나 직접 개발해야 합니다.

🔗 CSS 스니펫으로 옵시디언 꾸미기

옵시디언 대부분의 요소는 CSS로 꾸밀 수 있습니다. 앞서 알아본 방법은 노트를 작성하며 노트 내의 요소를 일시적으로 꾸미는 것이었습니다. 지금부터 알아볼 방법은 옵시디언의 기본 요소를 변경하는 방법입니다. CSS 스니펫snippet이라 불리는 CSS 코드로 기존 테마나 유저 인터페이스를 변경하고 입맛대로 재정의할 수 있습니다.

이번 파트에서는 숨김 폴더에 접근합니다. **모바일에서는 숨김 폴더에 접근하기 어려우니 데스크톱에서 진행하세요.** 또한 여기서는 예제 볼트의 CSS 스니펫을 사용합니다. 이 CSS 스니펫은 '1. Projects/세컨드 브레인은 옵시디언/CSS 모음' 폴더에 있으니 예제를 따라 하면서 알맞은 파일을 여러분의 볼트에 복사해주세요. 만약 예제 볼트를 그대로 사용하고 있다면 복사 과정은 필요 없습니다.

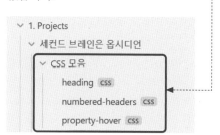

CSS 스니펫 적용하기

CSS 스니펫을 직접 만들고 수정하기보다는 다른 사람이 만든 것을 적용하는 일이 많을 겁니다. 먼저 CSS 파일을 다운로드해 적용하는 방법을 알아보겠습니다.

01 예제 볼트를 저장한 로컬 폴더에 들어가세요. 해당 폴더에서 '1. Projects/세컨드 브레인은 옵시디언/CSS 모음'에서 property-hover.css를 복사합니다.

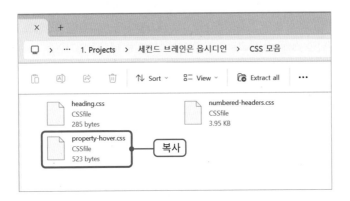

이번에 적용할 CSS는 노트의 속성을 접어놓았다가 마우스를 올리면 볼 수 있도록 하는 설정입니다. 노트에 속성이 많을 때 적용하면 좋겠죠? 옵시디언 대부분의 요소는 이렇게 CSS로 조작하고 꾸밀 수 있습니다.

02 [Settings → Appearance]에서 'CSS snippets' 항목을 찾아 오른쪽에 있는 📁을 클릭합니다. 이 볼트에서 CSS 스니펫을 저장하는 snippets 폴더가 열립니다. 이 폴더의 위치는 볼트 폴더에서 .obsidian/snippets입니다.

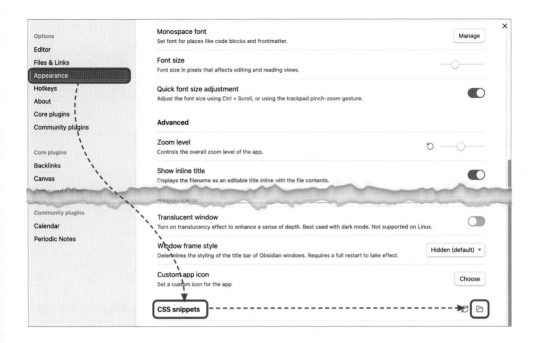

03 **01**단계에서 복사한 property-hover.css 파일을 **02**단계에서 연 snippets 폴더로 붙여넣습니다.

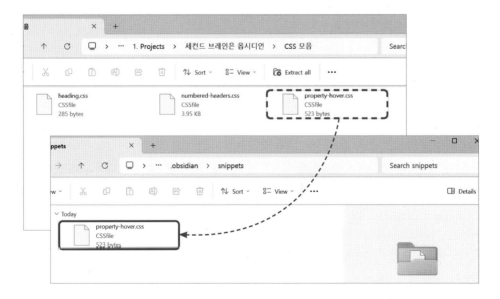

04 다시 옵시디언으로 돌아옵니다. 앞서의 CSS snippets 항목에서 ↻을 누릅니다. property-hover가 나타나면 이를 활성화합니다.

05 속성이 있는 노트로 갑니다. 기본적으로 속성이 숨겨져 있네요. 속성에 마우스를 올려야 속성 내용이 보이는 것을 확인할 수 있습니다.

> 🌙 **TIP** 유명한 테마나 CSS 스니펫은 사용자가 CSS를 쉽게 설정할 수 있도록 인터페이스를 제공하기도 합니다. 이 인터페이스는 커뮤니티 플러그인 Style Settings에서 이용할 수 있습니다. 이 책의 초반부에 설치한 Things 테마도 Style Settings에서 수정할 수 있습니다.

▶ 바로 실습   옵시디언 CSS 변수로 스타일 지정하기

옵시디언에서는 기본 CSS 변수를 제공합니다. CSS 변수를 사용하면 옵시디언에서 다양한 요소의 스타일을 쉽게 바꿀 수 있습니다. 예를 들어 노트의 첫 번째 제목 마크다운 색을 바꾸고 싶다면 --h1-color라는 변수에 색상코드를 입력하면 됩니다. CSS 변수는 옵시디언 CSS 변수 레퍼런스 페이지에서 확인할 수 있습니다. CSS에 능숙하고 디자인 감각이 있다면 이를 이용해 나만의 테마나 스니펫을 만들어볼 수도 있습니다.

🔗 옵시디언 CSS 변수 레퍼런스 docs.obsidian.md/Reference/CSS+variables/CSS+variables

이번 예제에서는 제목 마크다운을 무지개색 순서로 변경해보겠습니다.

01 [Settings → Appearance]에서 'CSS snippets' 항목을 찾습니다. 오른쪽에 있는 🗁을 클릭해 .obsidian 폴더 내에 있는 CSS 스니펫을 저장하는 snippets 폴더를 엽니다.

02 이 폴더에 메모장이나 텍스트 편집기로 원하는 스타일의 CSS 파일을 작성합니다. 작성이 번거롭다면 예제 볼트 '1. Projects/세컨드 브레인은 옵시디언/CSS 모음'에서 heading.css를 복사해 붙여넣으세요. 이번 파트에서는 CSS 스니펫을 만드는 과정을 경험하기 위해 처음부터 직접 작성해보겠습니다.

```
body {
    --h1-color: #FF6666; /* 연한 빨간색 */
    --h2-color: #FFA500; /* 연한 주황색 */
    --h3-color: #FFFF66; /* 연한 노란색 */
    --h4-color: #66FF66; /* 연한 초록색 */
    --h5-color: #6666FF; /* 연한 파란색 */
    --h6-color: #FF66FF; /* 연한 보라색 */
}
```

> 제목 1을 #FF6666 색으로 변경해라.

> 이 녀석이 변수

🔥 **TIP** #FF6666, #FFA500 등은 HTML에서 컴퓨터가 이해하도록 색상값을 표현하는 방식 중 하나입니다.

우리가 작성한 코드는 제목 마크다운에 무지개색을 순서대로 적용하는 코드입니다. 여기서 사용한 변수는 앞에서 안내한 옵시디언 CSS 변수 레퍼런스 페이지에서 [Editor → Headings]로 들어가면 확인할 수 있습니다. 방금 사용한 --h1-color도 보이네요.

Headings

This page lists CSS variables for headings.

CSS variables

Variable	Description
--heading-formatting	Text color for Markdown heading depth syntax
--h1-color	H1 text color
--h2-color	H2 text color
--h3-color	H3 text color
--h4-color	H4 text color
--h5-color	H5 text color
--h6-color	H6 text color

03 CSS 코드를 작성하고 heading.css라는 제목으로 저장합니다. 파일 확장자를 css로 저장해야 합니다. 코드 작성 툴이 있다면 그것을 사용하고 없다면 다음 방법을 따라 하세요.

윈도우에서는 메모장에 CSS 코드를 입력하고 저장할 때 파일 형식을 모든 파일로 설정합니다. 그래야 파일 이름에 .css를 입력했을 때 확장자가 변경됩니다.

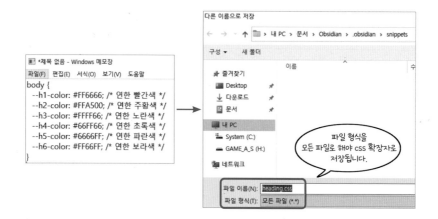

맥OS라면 텍스트 편집기_{TextEdit}을 실행합니다. 텍스트 편집기에서 **Cmd+Shift+T** 를 눌러 텍스트 모드로 변환하고 CSS 코드를 입력합니다. 그 후 CSS 파일로 **01**단계에서 열었던 snippets 폴더에 저장합니다.

04 다시 옵시디언으로 돌아옵니다. **[Settings → Appearance]** 'CSS snippets'에서 ⟳ 버튼을 누릅니다. 그러면 방금 저장한 heading.css 파일이 뜹니다. 이 파일을 활성화합니다.

1분꿀팁 새로고침을 했는데도 CSS 파일이 안 나타나요

먼저 CSS 파일이 볼트 내의 .obsidian/snippets 폴더에 저장되어 있는지 확인해주세요. 만약 저장된 위치가 정확하다면 파일 확장자 문제일 가능성이 큽니다. 파일 이름이 'heading.css'고 확장자가 없이 저장하지 않았는지 확인해보세요. 파일 이름을 'heading', 확장자는 css로 저장해야 합니다.

05 노트로 돌아와 제목 마크다운을 사용하면 자동으로 무지개색 순서의 색상이 적용될 것입니다.

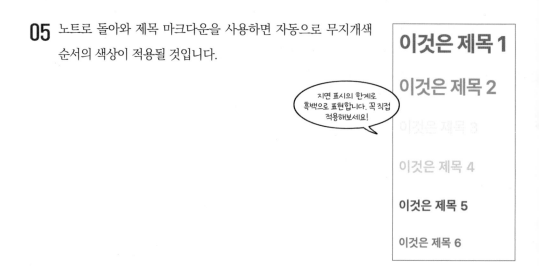

🔖 바로 실습 cssclasses 속성 이용해서 노트별로 CSS 적용하기

cssclasses는 옵시디언의 기본 속성 중 하나로 특정 노트에만 다른 CSS 스타일을 지정하고 싶다면 cssclasses 속성을 활용하면 됩니다. 다음 예제에서는 특정 노트에 제목 마크다운을 사용할 때 숫자가 붙도록 설정하겠습니다. 제목 마크다운에 숫자가 있다면 글의 개요를 작성할 때 가독성이 좋아질 것입니다.

01 예제 볼트의 '1. Projects/세컨드 브레인은 옵시디언/CSS 모음'에서 numbered-headers. css를 복사하여 .obsidian/snippets에 넣습니다.

```
/*
    cssclass: 'numbered-headers'
    functionality: Adds numbers to
*/

/* inside Dynamic T
.numbered-headers .dynamic-toc ol {
    list-style-type: none;
}
.numbered-headers .dynamic-toc ol {
    counter-reset: decimal;
}
```

CSS 지식이 있다면 모든 CSS 클래스 앞에 numbered-headers라는 클래스가 공통으로 쓰이는 걸 발견했을 겁니다. CSS 지식이 없더라도 해당 파일의 첫 부분을 읽으면 numbered-headers를 사용하라는 문구를 확인할 수 있습니다.

02 [Settings → Appearance]에서 CSS snippets를 새로고침하고 numbered-headers를 활성화합니다.

활성화하고 노트 제목 마크다운을 보니 아직 숫자가 추가되진 않았네요.

03 제목에 숫자를 추가할 노트를 열고, 속성에 cssclasses를 추가합니다. cssclasses 속성 값으로 앞서 복사한 스니펫에 있었던 'numbered-headers'를 지정합니다. 이제 numbered-headers CSS 클래스가 노트에 적용됩니다.

모든 제목 마크다운에 숫자가 붙었네요. 다른 노트를 열어보면 제목 마크다운에 숫자가 없는 것을 확인할 수 있습니다. 이렇게 cssclasses 속성을 활용하면 노트별로 스타일을 다르게 적용할 수 있습니다.

리마인드 노트

• 옵시디언 노트에는 HTML 코드를 삽입하여 자유롭게 노트 내용을 커스터마이즈할 수 있습니다.
• CSS 스니펫을 사용하면 테마에서 제공하는 기능 이상으로 옵시디언을 커스터마이즈할 수 있습니다.
• cssclasses 속성을 활용하면, 노트별로 CSS를 적용할 수 있습니다.

Chapter 20

데이터뷰로 고급 검색하기

커뮤니티 플러그인 데이터뷰Dataview는 강력한 데이터 조회 기능을 제공합니다. 데이터뷰는 데이터를 조회하는 자체 문법을 사용합니다. 이 문법을 통해 특정한 조건 데이터를 가져오는 것을 쿼리query라고 부릅니다. 쿼리로 볼트 전체 노트의 메타데이터를 이용한 검색을 할 수 있습니다. 그리고 검색 결과를 표, 리스트, 캘린더 등 다양한 형식으로 볼 수 있습니다. 데이터뷰는 옵시디언을 데이터베이스처럼 활용하기 위한 필수 플러그인입니다. 또한 많은 노트 데이터 분석용 커뮤니티 플러그인이 데이터뷰 설치를 요구합니다

다만 데이터뷰의 복잡한 쿼리 문법은 이 책에서 가장 어려운 부분입니다. 여기서 소개하는 내용을 한 번에 모두 이해하고 암기하려고 하지 마세요. 실습 위주로 따라 하며 활용 예제만 익혀보세요. 그럼에도 내용이 어렵다면 이 챕터의 마지막 활용 예제만 보며 필요한 것만 따라 써도 됩니다.

이번 챕터의 실습은 예제 볼트를 다운받고 해당 볼트에서 진행해야 합니다. 작성한 모든 쿼리는 예제 볼트의 '1. Projects/세컨드 브레인은 옵시디언/Ch 20. 데이터뷰' 노트에서 확인할 수 있습니다.

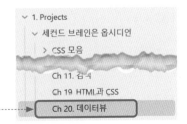

🔗 데이터뷰 맛보기 73

Dataview INSTALLED

⬇ 1,310,027
Version: 0.5.64 (currently installed: 0.5.64)
By Michael Brenan
Repository: https://github.com/blacksmithgu/obsidian-dataview
Last update: 2 months ago

Advanced queries over your vault for the data-obsessed.

데이터뷰(Michael Barenan 제작)는 옵시디언 노트에 데이터 인덱싱과 데이터 쿼리를 할 수 있는 커뮤니티 플러그인입니다. 집필 시점 기준 커뮤니티 플러그인 중 총 다운로드 횟수 2위를 차지할 만큼 유용합니다. 데이터뷰 활용은 두 단계로 나눌 수 있습니다.

데이터 인덱싱data indexing**은 노트에 메타데이터를 추가하는 과정입니다.** 속성 기능을 사용하거나 데이터뷰에서 지원하는 인라인 필드를 사용해 노트에 메타데이터를 넣을 수 있습니다. 자동 지원되는 메타데이터인 내재 필드를 사용할수도 있습니다.

데이터 쿼리data querying**는 쿼리를 이용해 원하는 메타데이터를 가진 데이터를 불러오는 과정입니다.** 데이터 쿼리에는 DQLDataview Query Language이라는 데이터뷰 전용 문법을 사용합니다.

예를 들어 'Books' 폴더에 독서 노트를 저장했다고 합시다. 각 독서 노트에 속성으로 제목, 저자, 출판사, 출판일을 작성했습니다. 이처럼 노트에 메타데이터를 입력하는 것을 데이터 인덱싱이라고 합니다.

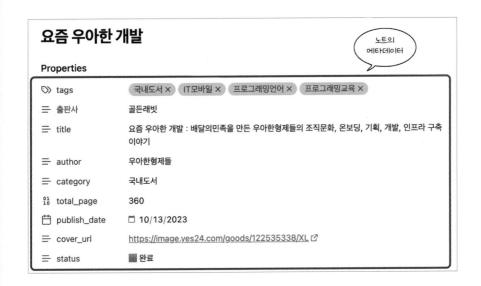

바로 실습　데이터 쿼리 작성해보기

데이터 쿼리는 같이 작성해볼까요? 앞서 예로 든 'Books' 폴더의 노트 중 출판사가 '골든래빗'인
노트를 불러와봅시다.

01 Dataview 커뮤니티 플러그인을 설치하고 활성화합니다.

02 '골든래빗 책 모음'이라는 제목으로 새 노트를 만들고 다음 DQL 코드를 노트에 작성합니다.
이때 새 노트는 볼트 최상단에 만들어주세요.

```dataview
LIST
FROM "Books"
WHERE 출판사 = "골든래빗"
```

코드 블록의 언어로 dataview를 지정했습니다. DQL이 무엇인지 잘 몰라도 코드를 읽어보면 'Books' 폴더에서 출판사가 골든래빗인 노트를 리스트로 출력하라는 내용인 것 같죠? 각각 무엇을 의미하는지는 앞으로 차차 배울 겁니다. 화면에는 다음과 같이 Books 폴더의 노트가 목록으로 보입니다. 쿼리를 수정하려면 오른쪽 위의 ‹/›를 클릭하면 됩니다.

이렇게 데이터뷰는 데이터 인덱싱과 데이터 쿼리를 통해 노트의 데이터를 검색하고 원하는 형태로 출력할 수 있습니다. 지금부터 데이터 인덱싱과 데이터 쿼리 과정을 자세하게 알아보겠습니다.

🔗 데이터 인덱싱하기 74

노트에 메타데이터를 추가하는 데이터 인덱싱 방법은 2가지입니다. **속성**을 이용하거나 **인라인 필드**를 사용할 수 있습니다. 인덱싱 방법이 달라도 데이터 쿼리는 똑같이 적용되므로 두 방법 중 상황에 따라 알맞은 방법을 사용하세요.

속성 인덱싱

속성을 이용해 노트에 메타데이터를 추가합니다. 익숙한 방식이니 속성을 주된 데이터 인덱싱 방법으로 사용해도 좋겠습니다.

지금 당장 실천하는 서비스 디자인 씽킹

Properties

	출판사	골든래빗
	author	배성환
	category	국내도서
	total_page	364

인라인 필드 인덱싱

데이터뷰 플러그인을 쓴다면 다른 방식으로 메타데이터를 넣을 수 있습니다. 다음과 같이 노트 중간에 인라인 필드inline field를 사용해 메타데이터를 넣을 수 있습니다. 인라인 필드는 이름처럼 문장 안에 메타데이터를 넣을 때 사용합니다.

```
[필드:: 값]
```

앞서 속성으로 넣었던 '지금 당장 실천하는 서비스 디자인 씽킹' 노트의 메타데이터의 일부를 인라인 필드로 작성하면 다음과 같습니다.

이 책은 [출판사::골든래빗]이 출간했으며, 저자는 [author::배성환]이다.
[category::국내도서]이며 총 페이지 수는 [total_page::364] 이다.

내재 필드

앞서 속성이나 인라인 필드는 수동으로 메타데이터를 넣었어야 했습니다. 그런데 자동으로 생성되는 메타데이터도 있습니다. 바로 내재 필드implicit fields입니다. 예를 들어 파일의 생성 날짜나 용량은 속성에서 직접 입력할 필요 없이 해당 파일에 자동으로 생기는 정보입니다. 파일이나 리스트와 관련된 메타데이터가 내재 필드로 제공됩니다.

자주 사용할 만한 내재 필드를 소개합니다. 생소한 내용이 많이 나오지만 당황하지 말고 차근차근 어떤 메타데이터를 쓸 수 있는지 살펴봅시다.

파일 내재 필드

필드명	데이터 타입	설명
file.name	Text	파일 이름입니다.
file.folder	Text	파일의 위치입니다.
file.path	Text	파일 이름을 포함한 파일의 위치입니다.
file.ext	Text	파일의 확장자입니다. 보통 마크다운 파일이므로 md일 것입니다.
file.link	Link	파일의 링크입니다.
file.size	Number	파일의 용량입니다. 단위는 바이트입니다.
file.ctime file.mtime	Date with Time	파일의 생성일시, 수정일시입니다.
file.cday file.mday	Date	각각 파일의 생성일, 수정일입니다.
file.tags	List	파일 안에 있는 태그 리스트입니다. 태그에 계층이 있으면 분리되어 표시됩니다. 예를 들어 #음식/과일/사과라는 태그가 있다면 [#음식, #음식/과일, #음식/과일/사과] 리스트로 표시됩니다.
file.inlinks file.outlinks	List	inlinks는 이 파일로 연결되는 링크를 가진 파일의 리스트입니다. outlinks는 이 파일에서 연결하는 링크의 리스트입니다.
file.aliases	List	파일 속성의 aliases에 있는 리스트입니다.
file.tasks	List	파일 안에 있는 태스크 리스트입니다.
file.lists	List	파일 안에 있는 모든 리스트입니다.
file.day	Date	파일 이름이 yyyy-mm-dd 또는 yyyymmdd 형식이면 Date 타입으로 나타냅니다. 예를 들면 2023-12-27 또는 20231227로 나타냅니다.

태스크 리스트 내재 필드

필드명	데이터 타입	설명
status	Text	태스크 리스트의 상태를 텍스트로 표시합니다. 태스크 리스트 마크다운은 아래와 같이 작성하는데요, 여기서 상태란 대괄호 안에 들어가는 문자입니다. • [ ] 미완성 • [x] 완성 이렇게 미완성은 공백으로, 완성은 x로 표현됩니다.
checked	Boolean	태스크 리스트의 대괄호 안이 공백이면 false, 공백이 아니면 true로 표현됩니다.
completed	Boolean	태스크 리스트의 대괄호 안이 x면 true, 아니면 false로 표현됩니다.
fully Completed	Boolean	해당 태스크 리스트와 하위 태스크 리스트가 모두 완료되면 true로 표현, 아니면 false로 표현됩니다.
text	Text	해당 리스트의 텍스트입니다.

이외에도 더 많은 내재 필드를 알고 싶다면 데이터뷰 문서를 참고하세요.

◎ 파일 내재 필드 blacksmithgu.github.io/obsidian-dataview/annotation/metadata-pages/

◎ 태스크 리스트 내재 필드 blacksmithgu.github.io/obsidian-dataview/annotation/metadata-tasks/

데이터 타입

방금 전에 내재 필드를 나열한 표에서 '데이터 타입'이라는 생소한 용어가 있었습니다. 데이터뷰에서 모든 데이터는 타입을 가지고 있습니다. 속성이 타입을 가졌던 것처럼요. 평소 데이터뷰를 사용할 때는 데이터 타입까지 신경쓸 필요는 없습니다. 그러나 이후 알아볼 데이터뷰 함수를 사용할 때 필드 타입은 중요해집니다. 함수마다 입력값으로 받을 수 있는 타입과 출력하는 타입이 정해졌기 때문입니다. 예를 들어 숫자를 반올림하는 함수에 '골든래빗'이라는 텍스트를 넣으면 숫자가 아니라서 오류가 발생할 겁니다. 데이터뷰에는 다음 8가지 타입이 있습니다. 예제는 인라인 필드로 넣는 경우로 설명하겠습니다.

Text   기본적인 타입입니다. 이제부터 소개할 모든 타입과 맞지 않으면 Text 타입입니다. 이는 속성에서 Text 타입과 대응합니다.

```
[예제필드:: 텍스트 타입입니다]
```

Number   하나의 숫자만 들어간 타입입니다. 이는 속성에서 Number 타입과 대응합니다.

```
[예제필드:: 3]
```

Boolean   참(true) 또는 거짓(false)만 가질 수 있는 필드 타입입니다. 이는 속성에서 Checkbox 타입과 대응합니다.

```
[예제필드:: true]
```

Date   ISO 8061 형식을 따르는 시간 타입입니다. 이는 `YYYY-MM[-DD THH:mm:ss.nnn+ZZ]`로 시간을 표시합니다. 연월, 즉 YYYY-MM까지는 필수로 입력해야 합니다. 다음 예제를 보면 이해가 될 겁니다. 이는 속성에서 Date 또는 Date & time 타입과 대응합니다.

```
[예제필드:: 2023-12]
[예제필드:: 2023-12-30]
[예제필드:: 2023-12-30T15:37:00.000]
[예제필드:: 2023-12-30T15:37:00.000+09:00]
```

Duration   '⟨시간⟩ ⟨시간 단위⟩' 형식으로 작성된 시간 길이입니다. 여기서 지원되는 시간 단위는 영어입니다. years, days, hours (hrs), minutes (min, m)을 지원합니다.

```
[예제필드:: 3days]
[예제필드:: 2hours]
[예제필드:: 13min]
[예제필드:: 3days 2hours 13min]
[예제필드:: 2 years, 3 days, 2 hours, 13 min]
```

Link   링크를 표현하는 데이터 타입입니다.

```
[예제필드:: [[내부 페이지]]]
```

List   여러 값을 가진 데이터 타입입니다. 값은 콤마 , 기호로 구분합니다. 이는 속
성에서 List 타입과 대응합니다.

```
[예제필드:: "옵시디언", "노션", "에버노트", "원노트"]
```

Object   키와 값으로 이루어진 데이터 타입입니다. 속성과 인라인 필드로는 직접 작
성할 수 없습니다. 실제로 Object 타입을 직접 작성할 일이 없을 겁니다.
참고 삼아 알아두세요. Object 타입을 작성하려면 소스 모드로 들어가 프
런트매터에서 직접 YAML 형식으로 작성해야 합니다.

```
obj:
  key1: "value1"
  key2: "value2"
```

이때, obj의 key1에 접근하는 데 . 기호를 사용합니다. 다음은 obj의 key1
의 값이 apple인 노트를 찾는 DQL입니다.

```
```dataview
LIST
WHERE obj.key1 = "apple"
```
```

🔗 데이터 쿼리의 구조 알아보기 75

데이터를 검색하는 데이터 쿼리 방식은 **DQL, 인라인 DQL**inline DQL, **Dataview JS** 이렇게 3가
지입니다. Dataview JS는 자바스크립트 문법을 알아야 하고 보안 문제가 발생할 수 있기 때문에
이 책에서는 다루지 않겠습니다. 데이터뷰에서 가장 많이 사용하는 DQL을 이용해서 데이터를 조
회하는 방법을 중점으로 익혀봅시다.

DQL의 구조

DQL은 코드 블록에서 dataview 언어를 지정해 사용합니다. 다음과 같이 **쿼리 타입**과 **데이터 커**
맨드 구조로 이루어져 있습니다.

```dataview ◀--------------------
<쿼리 타입> <필드>      // ❶ 쿼리 타입
FROM <소스>            // ❷ FROM 데이터 커맨드
<데이터 커맨드> <식>    // ❸ 데이터 커맨드
<데이터 커맨드> <식>
```

❶ 결과 데이터를 어떤 형태로 보여줄지 정하는 쿼리 타입입니다. 쿼리 타입에 따라 하나 이상
의 필드가 추가될 수 있습니다.

❷ 데이터를 어디서 갖고 올 건지 정하는 FROM 데이터 커맨드입니다. FROM이 없다면 전체
볼트 대상으로 검색합니다.

❸ FROM을 제외한 나머지 데이터 커맨드입니다. 여기서 어떤 데이터를 가져와서 어떻게 표현
할지 지정합니다.

🔗 쿼리 타입으로 데이터 보여주는 형태 설정하기 -76

DQL을 이루는 두 가지 구조 중 쿼리 타입을 먼저 자세히 알아보겠습니다. DQL에는 한 개의 쿼리 타입이 필수로 들어가야 합니다. 쿼리 타입은 데이터를 보여주는 형태를 정하고 LIST, TABLE, TASK, CALENDAR 네 가지가 있습니다. 다음 실습은 예제 볼트 최상단에 새 노트를 만들고 따라서 작성해보세요.

▶ 바로 실습 LIST로 목록 형태 출력하기

LIST 쿼리 타입은 파일, 리스트, 그룹을 목록 형태로 출력합니다. 다음은 '1. Projects' 폴더의 모든 노트 목록을 출력하는 쿼리입니다.

```dataview
LIST
FROM "1. Projects"
```

그러면 다음과 같이 폴더의 모든 노트가 목록으로 표현됩니다.

LIST

- Ch 10. 속성
- Ch 11. 검색
- Ch 19. HTML과 CSS
- Ch 3. 기본 마크다운 문법
- Ch 4. 옵시디언 기본 세팅
- Ch 5. 코어 플러그인
- Ch 6. 커뮤니티 플러그인
- Ch 7. 노트에 링크로 정보 연결
- Ch 9. 고급 마크다운
- 골든 글러브를 낀 래빗

필드를 하나 지정하여 각 리스트 관련 추가 데이터를 함께 표현할 수 있습니다. 예를 들어 노트 수정일을 같이 표시하고 싶다면 다음과 같이 내재 필드 file.mday를 이용하면 됩니다.

```dataview
LIST file.mday
FROM "1. Projects"
```

LIST 쿼리 타입에서는 필드를 하나만 지정할 수 있습니다. 즉 file.mday를 지정하면 그 다음에는 다른 필드를 추가할 수 없습니다. 지정한 추가 데이터는 다음과 같이 표현됩니다.

- Ch 10. 속성: April 24, 2024
- Ch 11. 검색: April 24, 2024
- Ch 20. 데이터뷰: April 24, 2024
- Ch 19. HTML과 CSS: April 24, 2024
- Ch 3. 기본 마크다운 문법: April 24, 2024
- Ch 4. 옵시디언 기본 세팅: April 24, 2024
- Ch 6. 커뮤니티 플러그인: April 24, 2024
- Ch 5. 코어 플러그인: April 24, 2024
- Ch 9. 고급 마크다운: April 24, 2024

바로 실습 TABLE로 표 형태 출력하기

TABLE 쿼리 타입은 표 형식으로 데이터를 출력합니다. 다음은 'Books' 폴더에 있는 노트 정보를 표 형식으로 나타내는 DQL입니다. 출판사, 저자, 노트 생성 시각을 확인할 수 있는 표를 그립니다.

'Books' 폴더가 볼트 최상위에 있는지 확인하고 실습을 진행해주세요.

```dataview
TABLE 출판사, author AS "저자", file.ctime AS "노트 생성 시각"
     ❶              ❷              ❸
FROM "Books"
```

TABLE은 LIST와 달리 여러 필드를 추가할 수 있습니다. 필드끼리는 ❶ , 기호로 구분합니다. 필요하면 ❷'AS 〈헤더 이름〉'을 통해 표 머리글의 텍스트를 바꿀 수 있습니다. ❸file.ctime은 파일 생성 시각을 나타내는 내재 필드이며, 이를 표 머리글에서 '노트 생성 시각'으로 표현하였습니다.

File (8)	출판사	저자	노트 생성 시각
개발자로 살아남기	골든래빗	박종천	6:44 PM - April 21, 2024
나중에 실천하고 싶은 서비스 디자인 씽킹	이상한토끼	지금은 바쁜 기획자	6:44 PM - April 21, 2024
나의 두려움을 여기 두고 간다	-	하정	6:44 PM - April 21, 2024
예전 멋있는 개발	이상한토끼	과거가 그리운 개발자	6:44 PM - April 21, 2024
스프링 부트 3 백엔드 개발자 되기 자바 편	골든래빗	신선영	6:44 PM - April 21, 2024
요즘 우아한 개발	골든래빗	우아한형제들	6:44 PM - April 21, 2024
이름없는 책	-	-	6:44 PM - April 21, 2024
지금 당장 실천하는 서비스 디자인 씽킹	골든래빗	배성환	6:44 PM - April 21, 2024

첫 번째의 File 열은 필드로 지정하지 않아도 자동으로 생성됩니다. File 열을 지우려면 다음과 같이 쿼리 타입을 TABLE WITHOUT ID로 시작하면 됩니다. WITHOUT ID는 LIST 쿼리 타입에서도 사용할 수 있습니다.

````dataview
TABLE WITHOUT ID 출판사, author AS "저자", file.ctime AS "노트 생성 시각"
FROM "Books"
````

그러면 이렇게 표에서 File 열이 사라집니다.

출판사 (8)	저자	노트 생성 시각
골든래빗	박종천	6:44 PM - April 21, 2024
이상한토끼	지금은 바쁜 기획자	6:44 PM - April 21, 2024
-	하정	6:44 PM - April 21, 2024
이상한토끼	과거가 그리운 개발자	6:44 PM - April 21, 2024
골든래빗	신선영	6:44 PM - April 21, 2024
골든래빗	우아한형제들	6:44 PM - April 21, 2024
-	-	6:44 PM - April 21, 2024
골든래빗	배성환	6:44 PM - April 21, 2024

바로 실습 **TASK로 할 일 출력하기**

TASK 쿼리 타입은 볼트 내에 있는 태스크 리스트를 조회할 때 사용하는 쿼리 타입입니다. 다른 쿼리 타입은 노트 파일 단위로 동작하지만, TASK는 태스크 리스트 단위로 동작합니다. 다음 예제는 '3. Resource/periodic notes/daily' 폴더에 있는 노트에서 완료되지 않은 모든 태스크 리스트를 가져옵니다.

```dataview
TASK
FROM "3. Resource/periodic notes/daily"
WHERE completed = false // ❶ 완료되지 않은 목록만 가져옴
GROUP BY file.link // ❷ 파일 링크별로 분류
```

❶ completed는 리스트 내재 필드로 해당 태스크가 완료되었는지를 나타냅니다. 완료 여부가 false인 태스크, 즉 완료되지 않은 태스크를 가져옵니다. ❷ GROUP BY로 태스크를 파일 링크별로 그룹화합니다. 그러면 다음 그림처럼 태스크 리스트가 파일별로 분류되어 표시됩니다.

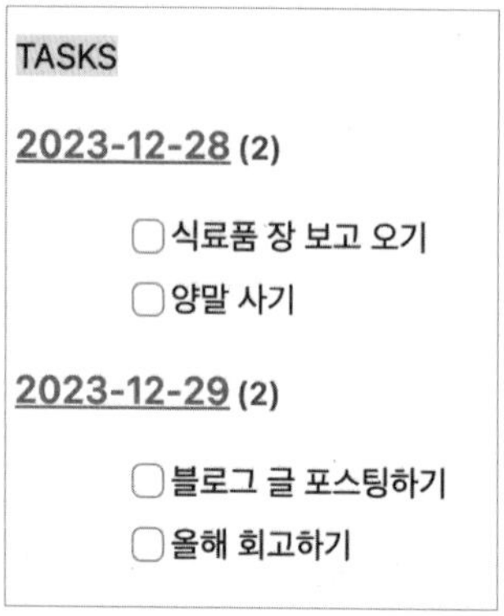

TASKS

2023-12-28 (2)

☐ 식료품 장 보고 오기
☐ 양말 사기

2023-12-29 (2)

☐ 블로그 글 포스팅하기
☐ 올해 회고하기

WHERE, GROUP BY 등의 데이터 커맨드 설명은 잠시 후에 진행합니다. 위의 데이터 커맨드를 이해하기보다는 의도 파악만 하고 넘어가세요.

▶ 바로 실습 **CALENDAR로 달력 형태 출력하기**

CALENDAR 쿼리 타입은 해당 일자에 포함된 데이터 개수를 달력 형태로 보여줍니다. 그렇기 때문에 CALENDAR의 필드에는 Date 타입의 데이터를 사용해야 합니다. 다음 예제는 날짜별로 생성된 노트 개수를 달력 형태로 보여주는 쿼리입니다.

```dataview
CALENDAR file.ctime
```

달력을 보면 일자별로 노트 1개당 점 1개로 표시되어 있습니다.

여담으로 일자별 노트 생성 개수는 유용한 지표인데요. 저는 기력이 좋은 날에는 노트를 많이 작성하고 처지는 날에는 노트를 하나도 못 씁니다. 그래서 일자별 저의 에너지 레벨을 확인할 수 있는 지표로 활용하기도 합니다.

🔗 데이터 커맨드로 데이터 가져오는 방법 설정하기 77

데이터 커맨드를 이용해 데이터에 필터를 걸고, 정렬을 하고, 그룹화를 합니다. 즉 데이터 커맨드로 표시할 데이터를 조작할 수 있습니다. 쿼리를 작성하며 6가지 데이터 커맨드를 알아봅시다. 실습 쿼리는 예제 볼트 최상단에 새 노트를 만들고 따라서 작성해보세요.

FROM으로 대상 지정하기

FROM 커맨드는 어디서 데이터를 갖고 올지 대상을 지정합니다. FROM 커맨드를 안 쓰면 볼트 안의 전체 노트나 리스트가 대상이 됩니다.

```
FROM "folder/file" // ❶ 폴더나 노트에서 데이터 가져옴
FROM #tag // ❷ 태그가 포함된 노트에서 데이터 가져옴
FROM [[링크 포함 노트]] // ❸ 지정한 링크 포함하는 노트에서 데이터 가져옴
FROM outgoing([[프롬 노트]]) // ❹ 프롬노트에서 링크하는 노트에서 데이터 가져옴
```

데이터를 어디서 가져올지는 FROM 뒤에 무엇이 오는지에 따라 달라집니다.

❶ 지정한 폴더에 있는 노트 또는 지정한 노트에서 데이터를 가져옵니다. 쌍따옴표로 감싸서 대상 폴더나 노트를 지정합니다.

❷ 지정한 태그가 포함된 노트에서 데이터를 가져옵니다. 앞에 #을 붙여서 태그를 표시합니다.

❸ 지정한 링크를 포함하는 노트에서 데이터를 가져옵니다. 내부 링크 마크다운으로 링크를 표시합니다. '링크 포함 노트' 노트 자체를 지정하지 않는 것에 주의하세요.

❹ 지정한 노트에서 링크하는 노트에서 데이터를 가져오려면 다음과 같이 outgoing( ) 함수를 사용합니다. '프롬 노트'에서 'A', 'B' 노트를 링크하고 있다면 'A', 'B' 노트에서 데이터를 가져옵니다.

outgoing( )과 같은 데이터뷰 함수 설명은 잠시 후에 진행됩니다. 위에서는 쿼리 대상으로 '프롬 노트'에서 링크하는 노트를 지정한다는 감만 잡고 넘어가시면 됩니다. 직접 작성해볼까요? 예제 볼트에 새 노트를 만들고 다음과 같은 쿼리를 입력해보세요.

```dataview
LIST
FROM outgoing([[일반적인 정리의 원칙들]])
```

'일반적인 정리의 원칙들'이라는 노트에서 링크하고 있는 노트의 목록을 불러오는 쿼리입니다. 노트에는 다음과 같이 표시됩니다.

- 노트 정리 방법론
- 노트 조회 방법론
- 메타데이터 관리는 최소화할 수록 좋다
- 정리하는 뇌
- 정리 안 하는 것이 잘못된 정리보다 낫다
- 정리하는 쾌감
- 사용할 수 없으면 갖고있지마라
- 행동 기준의 정리가 중요하다
- 코드베이스와 정보의 관리
- 정보는 조회 관점으로 생각해야 한다

▶ 바로 실습   WHERE 조건부 필터 걸기

WHERE 커맨드는 다음에 오는 조건이 참인 것만 표현합니다. 즉, 필터로 사용할 수 있습니다. 조건에는 참이나 거짓으로 판별되는 표현만 사용할 수 있습니다. 조건으로 사용되는 예제는 다음과 같습니다.

```
WHERE 출판사 = "골든래빗"  // 출판사 메타데이터가 '골든래빗'이면 표현

WHERE 출판사 != "골든리트리버"  // 출판사 메타데이터가 '골든리트리버'가 아니면 표현

WHERE length(tags) > 2  // 태그의 개수가 2개 이상이면 표현

WHERE file.cday >= date("2024-01-01")  // 파일 생성일이 2024년 1월 1일 이후라면
표현

WHERE file.mtime < date(today) - dur(1 month)  // 파일 수정일이 오늘로부터 한 달
이전이면 표현

WHERE length(file.outlinks) <- 3  // 링크하는 노트 개수가 3개 이하이면 표현
```

length( ), date( ), dur( ) 함수로 각각, 리스트의 길이, 날짜, 기간을 표현합니다. 의도만 파악하고 넘어가면 됩니다. 직접 WHERE 커맨드를 사용한 쿼리를 작성해볼까요? 어떤 필드가 존재

하지 않으면 그 필드의 값은 null을 갖습니다. 즉, 출판사 메타데이터가 없는 노트를 찾으려면 WHERE 커맨드를 다음과 같이 작성합니다.

```dataview
LIST
FROM "Books"
WHERE 출판사 = null
```

출판사 데이터가 없는 노트만 표현됩니다.

- 나의 두려움을 여기 두고 간다
- 이름없는 책

이러한 절에 대해서는 엑셀 등 수식이 사용되는 다른 프로그램에서 사용하는 것과 비슷합니다. 더 자세한 내용은 데이터뷰 공식 문서를 참고하세요.

🔗 데이터뷰 공식 문서 blacksmithgu.github.io/obsidian-dataview/reference/expressions/

▶ 바로 실습 **SORT로 정렬하기**

SORT 커맨드는 데이터를 특정 기준으로 정렬합니다. 필드에는 정렬 기준이 될 데이터가 들어갑니다. 오름차순으로 정렬하고 싶다면 ASC를, 내림차순이라면 DESC를 작성합니다.

```dataview
LIST publish_date
FROM "Books"
WHERE publish_date != null
SORT publish_date ASC
```

필드에 출판일(publish_date)를 입력하여 정렬 기준으로 삼고 오름차순으로 정렬하는 쿼리입니다. 다음과 같이 데이터가 정렬됩니다.

- 나의 두려움을 여기 두고 간다: August 05, 2020
- 개발자로 살아남기: January 01, 2022
- 지금 당장 실천하는 서비스 디자인 씽킹: June 15, 2022
- 요즘 우아한 개발: October 13, 2023
- 스프링 부트 3 백엔드 개발자 되기 자바 편: April 05, 2024

쿼리를 하나 더 만들어보겠습니다.

```dataview
LIST total_page
FROM "Books"
WHERE total_page != null
SORT total_page DESC
```

필드로 페이지수(total_page)를 입력하여 정렬 기준으로 삼고 이번에는 내림차순으로 정렬하는 쿼리입니다. 데이터는 다음과 같이 표시됩니다.

- 스프링 부트 3 백엔드 개발자 되기 자바 편: 448
- 지금 당장 실천하는 서비스 디자인 씽킹: 364
- 요즘 우아한 개발: 360
- 나의 두려움을 여기 두고 간다: 304
- 개발자로 살아남기: 268

바로 실습 GROUP BY로 그룹화하기

GROUP BY는 주어진 필드로 데이터를 그룹화합니다. GROUP BY 〈field〉 형태로 사용합니다. GROUP BY를 사용하면 두 가지 데이터가 표현됩니다. 첫 번째는 그룹화된 데이터 그 자체입니다. 두 번째는 해당 그룹화된 데이터에 속하는 rows 리스트입니다. 이 말을 이해하기 위해 이번에는 코드보다 표현 결과를 먼저 보겠습니다.

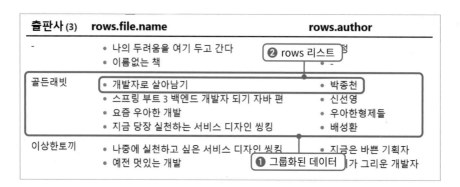

출판사를 기준으로 그룹화한 결과입니다. ❶ 같은 출판사인 노트끼리 그룹화된 데이터가 표현되고 ❷ 각 출판사에 해당하는 노트가 rows 리스트로 나열됩니다. 이렇게 그룹을 표현하는 쿼리는 다음과 같습니다.

```dataview
TABLE rows.file.name, rows.author
FROM "Books"
GROUP BY 출판사
```

FLATTEN으로 리스트 분리하기

FLATTEN 커맨드는 LIST 타입 데이터를 분리해 각 행으로 나타냅니다. 다음과 같은 쿼리를 작성해봅시다.

```dataview
TABLE tags
FROM "Books"
```

tags는 List 데이터 타입이기에 다음과 같이 표시됩니다.

File (7)	tags
개발자로 살아남기	• 🔖독서 • 국내도서 • IT모바일 • 컴퓨터공학 • 컴퓨터교육 • 에세이 • 한국에세이
스프링 부트 3 백엔드 개발자 되기 자바 편	• 국내도서 • IT모바일 • 프로그래밍언어 • 자바

이때 FLATTEN tags를 추가하면 다음과 같이 tags 리스트의 각 값이 개별 행으로 분리되어 표현됩니다.

```dataview
TABLE tags
FROM "Books"
FLATTEN tags
```

File (25)	tags
개발자로 살아남기	📖독서
개발자로 살아남기	국내도서
개발자로 살아남기	IT모바일
개발자로 살아남기	컴퓨터공학
개발자로 살아남기	컴퓨터교육
개발자로 살아남기	에세이
개발자로 살아남기	한국에세이
스프링 부트 3 백엔드 개발자 되기 자바 편	국내도서
스프링 부트 3 백엔드 개발자 되기 자바 편	IT모바일
스프링 부트 3 백엔드 개발자 되기 자바 편	프로그래밍언어
스프링 부트 3 백엔드 개발자 되기 자바 편	자바

🖱 바로 실습 LIMIT으로 출력 개수 제한하기

LIMIT 커맨드는 출력되는 결과의 개수를 제한합니다. 다음은 앞서 FLATTEN 커맨드에서 작성한 쿼리의 결과를 3개만 출력하는 경우입니다.

```dataview
TABLE tags
FROM "Books"
FLATTEN tags
LIMIT 3
```

이렇게 LIMIT 커맨드를 붙이면 다음과 같이 최대 3개까지만 데이터가 표시됩니다.

LIMIT	
File (3)	**tags**
개발자로 살아남기	📖독서
개발자로 살아남기	국내도서
개발자로 살아남기	IT모바일

'페이지 수' 메타데이터가 300 이상인 노트를 검색하려고 다음과 같이 쿼리를 작성하면 오류가 발생합니다.

```dataview
LIST
WHERE 페이지 수 > 300
```

```
Dataview: Error:                                                    </>
-- PARSING FAILED --------------------------------------------------

  2 | LIST
  3 |
> 4 | WHERE 페이지 수 > 300
    |             ^
  5 |

Expected one of the following:

'*' or '/' or '%', '+' or '-', '>=' or '<=' or '!=' or '=' or '>' or
'<', 'and' or 'or', /FROM/i, EOF, FLATTEN <value> [AS <name>], GROUP
BY <value> [AS <name>], LIMIT <value>, SORT field [ASC/DESC], WHERE
<expression>
```

데이터뷰에서는 공백도 일종의 문법이기 때문에 이렇게 작성하면 안 됩니다. 공백 대신 다음과 같이 - 기호를 채우면 바르게 동작합니다.

```dataview
LIST
WHERE 페이지-수 > 300
```

이런 식으로 변경된 키를 정화된 메타데이터^{sanitized metadata}라 부릅니다. 다만 이것까지 고려해서 데이터뷰를 사용하기 어렵기 때문에 처음부터 메타데이터 이름에 공백을 넣지 않는 것이 좋겠습니다.

🔗 인라인 DQL와 함수로 원하는 데이터 표현하기 ◀78

▶ 바로 실습 **인라인 DQL로 동적 데이터 표현하기**

인라인 DQL은 노트 내에서 특정 데이터를 동적으로 보여줄 때 사용할 수 있습니다. 인라인 코드 안에서 등호 = 기호로 시작하는 필드나 식을 적고 백틱 ` 기호로 코드를 감싸면 됩니다. 현재 파일의 수정 날짜를 출력하는 인라인 DQL을 다음과 같이 작성해보세요.

```
이 파일의 수정 시각은 `= this.file.mtime`
```

현재 노트와 관련된 데이터를 사용할 때는 이렇게 'this.' 접두사를 사용하면 됩니다. 그러면 노트에 수정 시각이 표시됩니다.

> 이 파일의 수정 시각은 6:35 PM - January 03, 2024

다른 파일을 지정하려면 내부 링크를 사용하면 됩니다.

```
`=[[개발자로 살아남기]].file.tags`
```

그러면 다음과 같이 노트에 '개발자로 살아남기' 노트의 태그가 출력됩니다.

> 개발자로 살아남기의 태그들
> #독서 , #국내도서 , #IT모바일 , #컴퓨터공학 , #컴퓨터교육 , #에세이 , #한국에세이

다양한 데이터뷰 함수

데이터뷰 함수를 사용하면 데이터를 다양하게 다룰 수 있습니다. 함수를 사용해보고 싶다면 인라인 DQL을 이용해 테스트해보세요. 몇 가지 데이터뷰 함수를 소개합니다.

date(any)	입력값을 Date 타입으로 변환합니다. 날짜 변환에 실패하면 null을 반환합니다.

```
date("2024-01-04") // Date 필드 타입 2024-01-04 반환
date([[2024-01-04]]) // file.day 2024-01-04 반환
date("내 생일") // 문자를 날짜 타입으로 변환할 수 없어 null
을 반환
```

dur(any)	입력값을 Duration 타입으로 변환합니다. 변환에 실패하면 null을 반환합니다.

```
dur("3 hours 30 minutes") // Duration 필드 타입 3시간 30
분 반환
```

string(any)	입력값을 문자열로 바꿉니다. 결과는 Text 타입을 반환합니다. 주로 날짜, 기간, 숫자를 문자열로 표현할 때 사용합니다. 참고로 문자열은 다음과 같이 " "로 감싸서 표현합니다.

```
string(10) // "10"
string(dur(10 hours)) // "10 hours"
string(date(2024-01-05)) // "January 05, 2024"
```

length (object|array)	입력값이 Object 타입이라면 필드 개수를 반환합니다. List 타입이라면 리스트 요소의 개수를 반환합니다.

```
length([]) // 0 아무것도 없음
length(["A", "B"]) // "A","B" 2개의 요소, 2 반환
```

link (path, [display])	입력된 파일 경로나 이름에서 링크를 생성합니다. 두 번째 인자 (display)가 주어지면 두 번째 인자로 링크를 표시합니다. 두 번째 인자를 alias라고 봐도 됩니다.

```
// Books 폴더의 '개발자로 살아남기' 노트로 링크
link("Books/개발자로 살아남기")
// 위와 같은 링크지만 '개발자 생존'이라고 표시됨
link("Books/개발자로 살아남기", "개발자 생존")
```

embed
(link, [embed?])

링크 객체를 파일 첨부로 변환합니다. 이미지 임베딩을 할 때 유용합니다. 인라인 DQL에서는 작동하지 않습니다.

```
// image.png를 첨부하고 가로 픽셀 길이가 100으로 출력
embed(link("image.png", "100"))
```

min(a, b, ...),
max(a, b, ...)

주어진 숫자들의 최솟값, 최댓값을 계산합니다.

```
min(1, 2, 3) // 1
max(1, 2, 3) // 3
```

더 많은 함수를 알고 싶다면 데이터뷰 함수 문서를 참고해주세요.

🔗 데이터뷰 함수 문서 blacksmithgu.github.io/obsidian-dataview/reference/functions/

🔗 데이터뷰 활용하기 79

자주 사용할 수 있는 몇 가지 활용 예제를 DQL로 작성해보겠습니다. 데이터뷰에 가장 빠르게 친숙해지는 방법은 사용할 법한 시나리오와 DQL을 보는 겁니다.

🖱 바로 실습 최근 생성 또는 업데이트된 노트 불러오기

최근에 생성되었거나 업데이트된 노트를 참고하는 것은 흔히 있는 일입니다. 이 경우 다음과 같은 쿼리를 사용하면 됩니다.

```
==최근 생성된 노트==

```dataview
LIST file.ctime
SORT file.ctime desc // ❶ 파일 생성 시간 기준 내림차순 정렬
LIMIT 5
```

==최근 업데이트된 노트==

```dataview
LIST file.mtime
SORT file.mtime desc // ❷ 파일 수정 시간 기준 내림차순 정렬
LIMIT 5 // ❸ 최대 5개 데이터
```
```

❶ file.ctime은 파일 생성 시간을 나타내는 내재 필드입니다. ❷ 파일 수정 시간 기준으로 정렬하려면 file.mtime을 사용하면 됩니다. ❸ LIMIT 5로 5개 결과만 출력하여 볼트 안의 모든 노트가 출력되지 않게 제한합니다. 노트에는 다음과 같이 표시됩니다.

최근 생성된 노트

- 나의 두려움을 여기 두고 간다: 3:58 PM - April 21, 2024
- 한 번만 읽어도 책 내용 다 기억하는 기적의 독서 메모법: 3:47 PM - April 21, 2024
- Ch 19. HTML과 CSS: 3:47 PM - April 21, 2024
- Ch 5. 코어 플러그인: 3:47 PM - April 21, 2024
- 메모의 기술 – 메모장, 메모의 기적, 분류, 생각 노트 활용하기: 3:47 PM - April 21, 2024

최근 업데이트된 노트

- Ch 20. 데이터뷰: 6:18 PM - April 21, 2024
- Ch 11. 검색: 6:00 PM - April 21, 2024
- README: 6:00 PM - April 21, 2024
- Ch 19. HTML과 CSS: 5:59 PM - April 21, 2024
- 나의 두려움을 여기 두고 간다: 3:58 PM - April 21, 2024

▶ 바로 실습 연결이 없는 고립된 노트 찾기

영구 보관용 노트에서 다른 노트랑 연결되지 않고 고립된 노트를 찾는 쿼리도 알아두면 좋습니다. 다른 생각과 아직 연결되지 않아서 노트의 새로운 쓰임을 고민해볼 법한 노트죠. 다음과 같이 쿼리를 작성합니다.

```dataview
LIST
FROM "0. Slip-box"
WHERE length(file.inlinks) = 0 AND length(file.outlinks) = 0
```

inlinks, outlinks 내재 필드로 노트의 연결된 링크들을 리스트로 가져옵니다. length 함수로 해당 리스트의 길이를 확인했을 때 0이면 리스트가 비어있다, 즉 연결된 링크가 없다는 뜻입니다. WHERE절 안에 AND, OR을 사용해 조건 절을 추가할 수 있으므로 AND를 사용하여 백 링크와 아웃 링크가 둘 다 없는 조건을 추가했습니다. 그러면 다음과 같이 조건에 해당하는 노트가 반환됩니다.

연결이 없는 고립된 노트 찾기

- 온톨로지와 개인 지식 관리

▶ 바로 실습 독서 노트 표 만들기

이번에는 Books 폴더에 있는 노트로 다음과 같이 커버 이미지가 포함된 독서 노트 표를 만들어보겠습니다.

표지 (7)	제목	출판사	저자	출판일
	개발자로 살아남기	골든래빗	박종천	January 01, 2022
	스프링 부트 3 백엔드 개발자 되기 자바 편	골든래빗	신선영	April 05, 2024
	요즘 우아한 개발	골든래빗	우아한형제들	October 13, 2023
	지금 당장 실천하는 서비스 디자인 씽킹	골든래빗	배성환	June 15, 2022

이런 표를 만들기 위해서는 미리 독서 노트에 출판사, 저자, 출판일, 책 표지의 url이 속성으로 입력되어 있어야 합니다.

스프링 부트 3 백엔드 개발자 되기

Properties

≡ 출판사	골든래빗	
≡ author	신선영	
📅 publish_date	📅 04/05/2024	
≡ cover_url	https://image.yes24.com/goods/125668284/XL 🔗	이미지를 넣기 위해 필요해요.

+ Add property

다음과 같이 쿼리를 작성하면 커버 이미지가 포함된 독서 노트 표를 만들 수 있습니다.

```dataview
TABLE WITHOUT ID "![|50](" + cover_url + ")" AS "표지", file.link AS "제목", 출
판사, author AS "저자", publish_date AS "출판일"
FROM "Books"
```

쿼리 타입은 TABLE로 지정해 표를 표현했습니다. WITHOUT ID로 자동으로 앞에 붙는 노트 제목을 지우고 필드로 표지, 노트 링크, 출판사, 저자, 출판일 등을 표시했습니다.

표지 이미지를 표현하기 위해 ![|50](" + cover_url + ")라는 복잡한 표현식이 들어갔습니다. 옵시디언에서 ![|50](https://image.yes24.com/goods/125668284/XL)와 같이 작성하면 가로 길이가 50픽셀인 이미지를 외부에서 첨부할 수 있습니다. 여기서는 독서 노트의 cover_url에 저장된 표지 이미지 URL을 사용하기 위해 다음과 같이 세 부분을 합쳐서 만들었습니다.

▶ 바로 실습 **다이어리 템플릿 업그레이드하기**

지금까지 알아본 데이터뷰의 기능을 총동원해 다이어리 템플릿을 업그레이드하겠습니다. 이 템플릿을 활용하여 여러분만의 다이어리 템플릿을 만들어보세요.

먼저 일간 노트를 다음과 같이 작성한다고 가정하겠습니다.

- 그날 한 일을 태스크 리스트로 작성하고 완료하면 체크합니다.
- 해낸 습관이 있다면 리스트로 남기고 #습관 태그를 붙입니다.

이제 데이터뷰를 활용하여 일간 노트를 정리하고, 모아서 볼 수 있는 주간 노트의 템플릿을 만들어보겠습니다. 주요 기능은 다음과 같습니다.

- 해당 주의 모든 일간 노트에서 완료한 일과 못한 일, 달성한 습관을 확인할 수 있습니다.
- 관련된 월간 노트와 일간 노트의 링크를 같이 표현해 이동하기 편하게 만들겠습니다.

01 새 노트를 만들고 주간 노트 템플릿을 다음처럼 작성합니다. 이때 Periodic Notes의 주간 노트 제목 형식은 'gggg-[W]ww'여야 합니다. 예를 들어 2024년 52주차의 주간 노트라면 '2024-W52'같은 제목이어야 합니다. Periodic Note 주간 노트 제목 형식의 기본값이기에 별다른 조작을 안 했다면 이 형식일 겁니다. 그대로 타이핑해도 좋지만 시간이 없다면 예제 볼트를 참고해주세요. '3. Resource/templates/주간 노트 템플릿'에 있습니다.

```
==이번 달== `=link(dateformat(date(this.file.name, "kkkk-'W'WW"), "yyyy-MM"))`
==이번 주==
```dataview
LIST
FROM "3. Resource/periodic notes/daily"
WHERE date(file.name, "yyyy-LL-dd") >= date(this.file.name, "kkkk-'W'W")
 AND date(file.name, "yyyy-LL-dd") <= date(this.file.name, "kkkk-'W'W") +
dur("6 days")
SORT file.name ASC
```

==미완성된 일==
```dataview
TASK
FROM "3. Resource/periodic notes/daily"
WHERE completed = false
WHERE date(file.name, "yyyy-LL-dd") >= date(this.file.name, "kkkk-'W'W")
AND date(file.name, "yyyy-LL-dd") <= date(this.file.name, "kkkk-'W'W") +
dur("6 days")
```
```

```
GROUP BY file.link
SORT file.name ASC
```
==해낸 습관==
```dataview
LIST mylist.text
WHERE date(file.name, "yyyy-LL-dd") >= date(this.file.name, "kkkk-'W'W")
AND date(file.name, "yyyy-LL-dd") <= date(this.file.name, "kkkk-'W'W") +
dur("6 days")
FLATTEN file.lists as mylist
WHERE contains(mylist.tags, "#습관")
SORT file.name ASC
```

상당히 복잡한 쿼리이기에 한 눈에 이해하기 어렵습니다. 하나하나 자세히 이해하기보다는 이런 식으로 활용할 수 있다는 감만 잡으시면 됩니다. 간략히 각 부분을 알아보면 다음과 같습니다.

- **이번 달** : 인라인 DQL을 사용했습니다. 현재 주간 노트의 이름을 해석하여 이번 달 노트를 link( ) 함수로 연결한 코드입니다. 먼저 date( ) 함수로 노트 이름을 텍스트 타입에서 날짜 타입으로 변경합니다. 그리고 이 값을 다시 dateformat( ) 함수에 넣어 'yyyy-MM'(연-월) 형식으로 변경합니다. 노트 이름이 2024-W52였다면 2024년 52번째 주 노트에는 12월의 노트인 2024-12가 링크될 것입니다.
- **이번 주** : 현재 주간 노트의 날짜를 기준으로 6일 후까지의 일간 노트 목록을 시간순으로 정렬하여 표시합니다. 일간 노트는 노트 이름을 가져와 'yyyy-LL-dd'(연-월-일) 형식으로 해석하여 날짜를 구합니다. 노트 이름이 2024-05-23이라면 2024년 5월 23이라고 해석해서 가져올 노트를 구할 것입니다.

> 🔖 **TIP** yyyy-MM, yyyy-LL-dd 등은 데이터뷰에서 날짜와 시간을 표현하는 방식입니다. 작동을 더 이해하고 싶다면 자바스크립트 라이브러리인 Luxon을 알아보세요.

- **미완성된 일** : completed 값이 false인 일간 노트의 태스크 리스트를 불러옵니다. 이를 파일

링크별로 그룹화하고 파일명 오름차순으로 정렬해 보여줍니다.

- **해낸 습관** : FLATTEN file.lists로 일간 노트에 있는 모든 리스트를 개별 행으로 만든 후, #습관 태그가 붙은 리스트만 필터링합니다. 그 후 text 내재 필드로 해당 내용을 같이 표시합니다.

02 이 쿼리를 템플릿 노트에 입력하면 다음과 같이 오류가 뜰 것입니다. 괜찮습니다. 아직 템플릿을 적용하기 전이니까요.

03 만든 템플릿을 사용하기 위해 이 노트를 주간 노트 템플릿으로 지정하겠습니다. [Settings → Periodic Note → Weekly Notes → Weekly Note Template]에서 방금 만든 노트를 템플릿으로 지정해주세요.

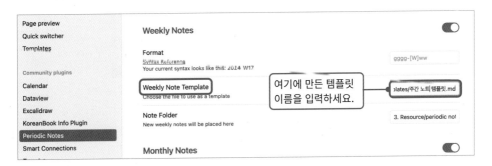

04 그리고 Calendar 또는 Periodic Notes 플러그인으로 주간 노트를 생성하면 다음과 같이 작성한 일간 노트가 자동으로 정리되어 표시됩니다.

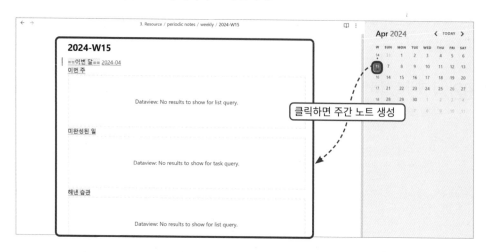

실습 화면에서는 일간 노트가 없어서 데이터가 없다고 나타나네요. 일간 노트가 쌓였을 때 주간 노트 템플릿이 어떻게 작동하는지 보고 싶다면 예제 볼트에서 2023년 12월의 52주차 주간 노트를 확인해보세요. 그럼 다음 그림과 같이 일간 노트가 정리된 모습을 볼 수 있습니다.

이 템플릿을 제대로 활용하기 위해서는 평소에 일간 노트를 꾸준히 작성하는 것부터 시작해야겠네요. 만드는 게 분명 어려웠지만 그래도 한 번 만들어두면 여러분의 일상을 정리하는 데 유용하게 사용할 수 있을 겁니다.

리마인드 노트

- 데이터뷰로 노트의 데이터를 네이디베이스처럼 불러올 수 있습니다.
- DQL의 데이터 쿼리와 데이터 커맨드를 이용하여 데이터를 필터링하고 정렬하여 원하는 헝태로 표현할 수 있습니다.
- DQL의 문법을 완벽히 숙지하기보다는 필요할 때 상황에 맞춰서 작성하는 것을 추천합니다. ChatGPT 등의 AI도 DQL을 잘 작성하기에 AI의 힘을 빌리는 것도 좋습니다.

Chapter 21

퍼블리시로 디지털 가든 만들기

내가 작성한 노트와 연결 관계를 공개적으로 공유하거나 자랑하고 싶을 수 있습니다. 이때는 유료 플러그인 퍼블리시publish를 사용하면 됩니다. 퍼블리시는 디지털 가든을 만들 수 있는 플러그인입니다. 디지털 가든은 블로그와 유사한 개념인데요, 블로그는 카테고리별로 완성된 글을 포스팅하지만 디지털 가든은 연결에 초점을 맞추어 게시물을 자유롭게 업로드하고 지속적으로 수정합니다. 정원을 가꾸듯 글을 게시하는 방식으로 일종의 공개용 개인 위키에 가깝습니다.

국내에서 옵시디언 퍼블리시 기능을 가장 잘 활용한 사례는 분석맨의 '두 번째 뇌'가 있습니다. 또한 옵시디언 공식 help 홈페이지도 퍼블리시로 만들어졌습니다. 옵시디언으로 사이트를 만들 수 있는 퍼블리시 사용법을 알아보겠습니다.

🔗 분석맨의 '두 번째 뇌' secondbrain.analysisman.com/start
🔗 옵시디언 공식 help 홈페이지 publish.obsidian.md/help-ko

🔗 퍼블리시 구독하기 -80

퍼블리시를 사용하기 위해서는 싱크와 마찬가지로 유료 구독을 해야 하고 옵시디언 계정이 필요합니다.

📌 'Chapter 12 동기화로 어디서든 옵시디언 사용하기'를 참고해 옵시디언 계정을 만든 후 진행하세요.

▶ 바로 실습   퍼블리시 등록하고 결제하기

01 옵시디언 홈페이지로 이동하여 로그인하고 Account로 들어갑니다. 왼쪽 메뉴에서 **[Publish]**를 선택한 다음 **[Buy Publish]**를 클릭합니다.

02 해외 결제가 가능한 카드 번호를 입력하여 구매합니다. 현재 사이트 1개당 월 10달러의 비용이 부과됩니다. 사이트 개수는 1개로 지정하고 구매를 진행합니다.

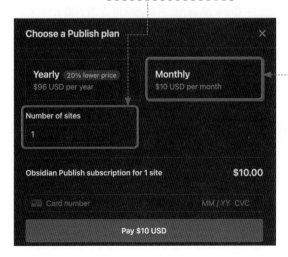

03 결제가 완료되면 싱크와 마찬가지로 자동으로 월간 구독이 설정됩니다. 월간 구독을 취소하려면 Auto-renewal에서 **[Stop]**을 클릭하면 됩니다.

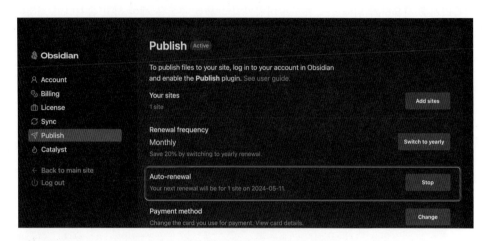

🔗 노트 게시하기 ⁸¹

퍼블리시를 구독했으니 노트를 디지털 가든에 게시해보도록 하겠습니다. 약간의 세팅만 거치면 옵시디언에서 작성한 노트를 편하게 웹으로 게시할 수 있습니다.

▶ 바로 실습 내 볼트 웹에 게시하기

01 옵시디언으로 돌아옵니다. **[Settings → Core plugins → Publish]**를 활성화합니다.

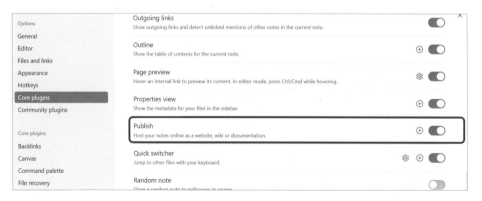

02 명령어 팔레트를 열어 **[Publish: Publish changes...]**를 선택합니다. 그러면 다음과 같이 사이트 관리 창이 뜹니다. 사이트 1개를 구독했지만, 아직 사이트를 안 만들었습니다. 오른쪽 입력창에 사이트 id를 입력하고 **[Create]** 버튼을 클릭합니다. 사이트 id는 소문자, 숫자, – 만 입력 가능합니다.

Manage sites   ×

Your sites

You don't have any sites.

Site ID
Your site will be at https://publish.obsidian.md/{site id}. You can change this later. Only lower case letters, numbers, and dashes are allowed.

> [sian]

[Create] ◀ - - - - -

---

03 어떤 노트를 게시할지 선택하는 창이 뜹니다.

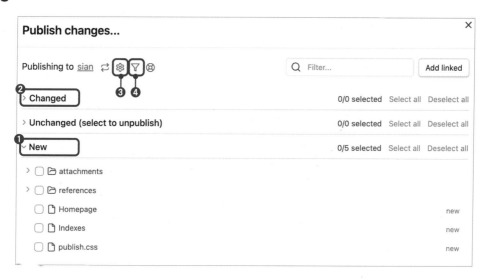

Publish changes...   ×

Publishing to <u>sian</u> ⇄ ⚙ ▽ ⊗   🔍 Filter...   [Add linked]

❷ **> Changed**   0/0 selected   Select all   Deselect all

❸ ❹

> Unchanged (select to unpublish)   0/0 selected   Select all   Deselect all

❶ **∨ New**   0/5 selected   Select all   Deselect all

    > ☐ 🗁 attachments

    > ☐ 🗁 references

    ☐ 🗋 Homepage   new

    ☐ 🗋 Indexes   new

    ☐ 🗋 publish.css   new

❶ New의 폴더와 노트를 선택해 새롭게 디지털 가든에 올릴 수 있습니다. ❷ Changed에 있는 폴더와 노트를 선택하고 게시해 변경 사항을 적용할 수 있습니다. 추가로 몇 가지 설정도 할 수 있습니다. ❸ ⚙ 버튼을 누르면 사이트 세팅을 할 수 있으며 ❹ ▽ 에서 변경 사항을 추적할 노트나 폴더를 정할 수 있습니다. ❸ 을 선택해 사이트 세팅을 진행해보겠습니다.

04 사이트 세팅에서는 기본 정보, 외관, 표시될 요소를 설정할 수 있습니다. 기본적인 정보인 Site name과 Homepage file만 지정하고 **[Save Site Settings]**를 눌러 저장합니다.

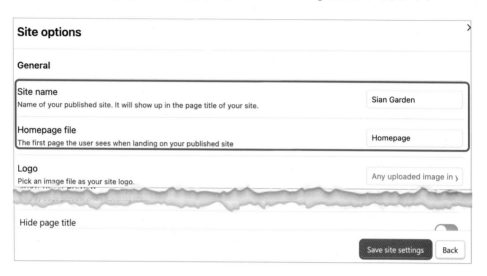

Site name은 디지털 가든의 제목이며, 여기서는 Sian garden으로 하겠습니다. Homepage file은 디지털 가든에서 처음 보여줄 페이지입니다. 여기서는 Homepage라는 노트를 지정하겠습니다.

05 이번에는 **03**단계에서 본 ▽ 를 선택해 필터 세팅을 진행합니다. 필터에서는 반영할 폴더와 제외할 폴더를 지정할 수 있습니다. Includes folders에 지정한 폴더들은 게시할 때 자동으로 변경 사항에 반영됩니다. Excluded folders에 지정된 폴더들은 변경 사항에 표시되지 않습니다.

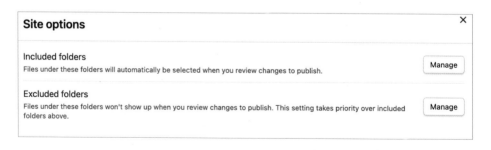

> 🐢 **TIP** 폴더 단위가 아닌 노트 별로 퍼블리시 필터를 적용하고 싶으면 노트에서 publish 속성을 사용하면 됩니다. publish 속성이 true이면 자동으로 게시할 노트 폴더에서 선택되며, false면 무시됩니다.

06 기본적인 사이트 세팅과 폴더 필터를 마쳤다면, 게시할 노트를 선택합니다. 그 후 **[Publish]** 버튼을 눌러 게시합니다.

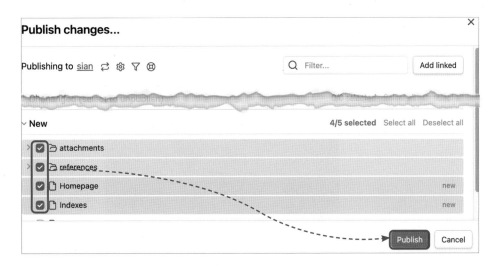

07 노트 퍼블리시를 완료했으니 실제로 웹에서 살펴보겠습니다.

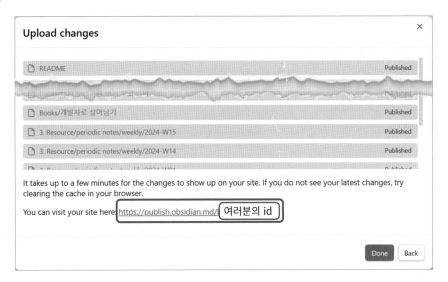

이렇게 완료창에 나온 링크를 눌러도 되고, 주소창에 **publish.obsidian.md/{지정한 site id}** 를 입력하여 접속해도 됩니다. 예제에서는 site id가 sian이었으니 publish.obsidian.md/ sian으로 접속하겠죠?

08 만들어진 페이지를 살펴봅시다. 페이지에 접속하니 좌측에 폴더별로 메뉴가 보이네요.

다른 노트로 들어가보겠습니다. URL을 확인하니 다음 그림같이 노트 제목이 뜹니다.

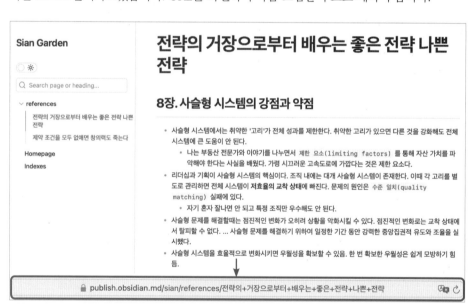

이렇게 몇 번의 클릭만으로 간단하게 디지털 가든을 만들 수 있습니다.

> ♨ **TIP** URL을 노트 제목이 아닌 다른 이름으로 하고 싶을 때는 노트에 permalink 속성을 이용하면 URL에 표시되는 값을 바꿀 수 있습니다.

🔗 디지털 가든 스타일 바꾸기 82

사이트 세팅에서 제공하는 기능을 넘어서 디지털 가든을 꾸미고 싶을 수 있습니다. 예를 들어, 현재 사용하는 테마를 퍼블리시에도 적용하고 싶다면 CSS나 자바스크립트 파일을 퍼블리시에 게시하면 됩니다. 테마를 적용하려면 CSS 파일을 게시해야 하고, 댓글 추가 등 고급 기능을 사용하려면 자바스크립트 파일을 게시해야 합니다. 다음 파일을 게시하면 디지털 가든을 더 풍부하게 꾸밀 수 있습니다.

1. 'publish.css' 파일을 볼트 폴더에 만들고 게시하면 커스텀 CSS를 추가할 수 있습니다.
2. 'publish.js' 파일을 볼트 폴더에 만들고 게시하면 커스텀 자바스크립트를 추가할 수 있습니다. 주의 사항으로는 기본 제공하는 publish.obsidian.md 도메인이 아니라 커스텀 도메인을 사용해야 한다는 겁니다. 이 경우 퍼블리시 비용뿐만 아니라 커스텀 도메인을 사용하는 비용도 추가됩니다. 자세한 사항은 옵시디언 도움말을 참고하세요.
3. 'favicon-32x32.png' 파일을 볼트 폴더에 만들고 게시하면 파비콘을 설정할 수 있습니다. 파비콘이란 브라우저 탭에 표시되는 작은 그림입니다.

현재 우리의 디지털 가든은 조금 심심해보입니다. 'publish.css' 파일을 만들어 디지털 가든의 테마를 바꿔보겠습니다.

디지털 가든 테마 바꾸기

01 디지털 가든의 테마를 전문적인 느낌이 들도록 바꿔보겠습니다. **[Settings → Appearance → Themes]**에서 **[Manage]** 버튼을 클릭합니다. Typomagical을 검색하여 설치합니다.

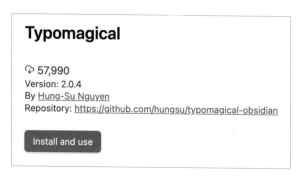

02 다운로한 Typomagical 테마의 CSS 파일을 찾아야 합니다. 이 파일은 볼트 폴더의 '.obsidian/themes/Typomagical' 폴더에 있습니다. 해당 폴더에서 'theme.css' 파일을 찾습니다.

03 'theme.css' 파일을 복사하여 볼트 폴더로 옮깁니다. 그리고 파일 이름을 'publish.css'로 변경합니다. 이렇게 하면 Typomagical 테마를 디지털 가든에도 적용할 수 있습니다.

04 마지막으로 'publish.css'를 게시해야 디지털 가든에 테마가 반영됩니다. 명령어 팔레트에서 **[Publish: Publish changes...]**를 선택하거나 왼쪽 리본의 ◁ 을 클릭해도 됩니다. 'publish.css'를 선택하고 **[Publish]** 버튼을 클릭해서 게시합니다.

만약 파일 브라우저에서 CSS 파일이 보이지 않는다면 **[Settings → Files and links → Detect all file extensions]**를 활성화하세요. 옵시디언에서 지원하지 않는 파일도 파일 브라우저에서 확인할 수 있습니다.

05 디지털 가든 테마가 변경된 것을 확인합니다. 제목이 가운데 정렬되고 글자도 고풍스럽게 변한 것을 볼 수 있습니다.

 **퍼블리시 제약 사항**

옵시디언에서 사용하던 기능이 퍼블리시에서는 제한될 때가 많습니다. 퍼블리시의 제약 사항을 간략하게 알아보겠습니다.

- 게시할 수 있는 파일 하나의 최대 용량은 50MB입니다. 따라서 용량이 큰 영상이나 오디오 파일을 퍼블리시에 직접 업로드하기에는 적합하지 않습니다. 노트에 영상을 첨부해서 게시하고 싶다면 유튜브 같은 사이트에 업로드한 후 외부 파일을 첨부하는 방식을 사용해야 합니다.

- 대부분의 커뮤니티 플러그인을 지원하지 않습니다. 대표적으로 데이터뷰, 엑스칼리드로우 등이 있습니다.

- 코어 플러그인인 캔버스 역시 지원되지 않습니다. 다만, 옵시디언 개발 로드맵에서는 추후 캔버스를 지원할 예정이라고 하네요.

ᘳ 리마인드 노트

- 작성한 글의 연결성을 강조하고 싶다면 디지털 가든은 좋은 선택지입니다.
- 퍼블리시 플러그인을 이용해 옵시디언에서 작성한 글을 온라인에 게시할 수 있습니다.
- 'publish.css'와 'publish.js'를 이용해 디지털 가든에 CSS와 자바스크립트를 적용할 수 있습니다.

세컨드 브레인은
옵시디언

기록광을 위한 기적의 정리 도구,
마크다운, 플러그인, AI 활용부터
PARA, 제텔카스텐까지 한 권으로 익히기

초판 1쇄 발행 2024년 6월 14일
초판 2쇄 발행 2024년 10월 11일

지은이 시안
펴낸이 최현우 · **기획** 김성경 · **편집** 박현규, 김성경, 최혜민
디자인 Nu:n, 안유경 · **조판** SEMO
마케팅 오힘찬 · **피플** 최순주

펴낸곳 골든래빗(주)
등록 2020년 7월 7일 제 2020-000183호
주소 서울 마포구 양화로 186 LC타워 5층 514호
전화 0505-398-0505 · **팩스** 0505-537-0505
이메일 ask@goldenrabbit.co.kr
홈페이지 www.goldenrabbit.co.kr
SNS facebook.com/goldenrabbit2020

ISBN 979-11-91905-82-3 93000

* 파본은 구입한 서점에서 바꿔드립니다.

우리는 가치가 성장하는 시간을 만듭니다.

골든래빗은 가치가 성장하는 도서를 함께 만드실 저자님을 찾고 있습니다.
내가 할 수 있을까 망설이는 대신, 용기 내어 골든래빗의 문을 두드려보세요.
apply@goldenrabbit.co.kr